Méthode Pratique de Conjugaison

https://www.scholaris.info/conjugaison

© Liber-Scholaris 2010

Version FR2023A

Jean-Camille Girardeau

Méthode Pratique
de
Conjugaison

Procédures simplifiées à partir
des formes de base du verbe

Liber-Scholaris

AVANT-PROPOS

A l'intention des étudiants de français langue étrangère

La *Méthode Pratique de Conjugaison* s'adresse principalement aux étudiants de français langue étrangère, du niveau débutant au niveau avancé.
Ceux-ci, en effet – et leurs professeurs le savent bien - considèrent souvent la conjugaison des verbes de la langue française comme complexe et rebutante. Cette opinion tient vraisemblablement au fait que le système de conjugaison qui leur est généralement proposé repose inévitablement, d'une façon ou d'une autre, sur le système traditionnel de conjugaison en usage dans l'enseignement du français langue maternelle. Or les situations diffèrent radicalement. C'est grâce à leur connaissance préalable et empirique de nombreuses formes verbales orales que les élèves francophones réussissent à tirer parti de ce système. Ce qui n'est pas le cas, bien évidemment, des étudiants étrangers qui ont besoin de découvrir et de systématiser les formes verbales du français en même temps à l'oral et à l'écrit.

Une approche spécifique

Nous leur proposons ici une approche spécifique.
- D'abord, en partant, pour chaque verbe, de trois à six « formes de base » contenant l'ensemble des éléments nécessaires à sa conjugaison. Ces formes sont destinées à être mémorisées ou consultées et n'ont pas à être déduites de la seule forme infinitive.
- Puis en appliquant, pour chaque temps de la conjugaison, une « procédure » valable pratiquement pour tous les verbes. Cette simplification, proche du modèle de conjugaison des verbes anglais, permet une assimilation plus rapide et plus solide.
- Enfin, en partant chaque fois qu'il est possible de la cohérence des formes orales de la conjugaison. Dans bien des cas, en effet, cette approche se révèle plus productive, la forme écrite n'étant alors que la transcription du processus oral.

Le tableau des formes de base

Un tableau des formes de base, particulièrement restreint, fait partie intégrante de cette méthode qui ne requiert les formes de base que de quelque 750 verbes « particuliers » de la langue française. En sont exclus les verbes très rares et les milliers de verbes en ...er dont la conjugaison s'obtient systématiquement selon un principe commun. Cependant 250 des plus fréquents de ces verbes en ...er y ont été inclus pour le confort des étudiants débutants. Soit environ 1000 verbes. Afin d'en faciliter la mémorisation, le nombre de formes de base de chaque verbe est limité au minimum indispensable. Plus de la moitié des verbes du tableau n'a que trois formes. Dans le même souci de clarté, les procédures de conjugaison sont exposées le plus brièvement possible et de façon redondante par l'usage de couleurs et de schémas. En se référant à ce tableau et à ces procédures l'étudiant a la possibilité d'obtenir la conjugaison de quasiment tous les verbes dont il a besoin en période d'apprentissage et de perfectionnement de la langue française. Extraites du tableau des 1000 verbes, les formes de base des 100 verbes les plus fréquents en contexte d'apprentissage sont présentées dans une liste à part : « Les 100 premiers verbes ». Quels que soient ses besoins langagiers, l'étudiant aura intérêt à les mémoriser le plus rapidement possible. Les conjugaisons complètes des 6 « premiers verbes » sont également présentées à part. Elles montrent en outre l'organisation des temps et des modes de la conjugaison.

Pédagogie et terminologie

Cette approche se caractérise également par une plus grande importance donnée à la mémorisation de formes verbales « déjà prêtes à l'emploi » et par un allégement du processus d'obtention de l'ensemble des formes d'une conjugaison. Ce dernier, tel qu'il est exposé, exige moins d'opérations déductives et s'en tient à des procédures plus systématiques et plus pragmatiques. Par ailleurs, le fait de pouvoir observer les formes verbales données dans ce tableau de 1000 verbes peut inciter l'étudiant à une démarche inductive plus naturelle et à effectuer entre celles-ci les rapprochements, les regroupements et les comparaisons que bon lui semble afin de mieux les appréhender et mieux les fixer.

On aura également compris que cette approche implique une certaine incompatibilité pédagogique avec l'approche traditionnelle. L'enseignant et l'étudiant, en adoptant cette Méthode Pratique de Conjugaison, devront donc éviter – pendant une bonne partie du cursus tout au moins – d'utiliser certains termes et concepts habituels.

En particulier, la répartition traditionnelle des verbes en 3 groupes qui perd ici de sa pertinence. On parlera plutôt de verbes en ...[e], de verbes en ...[R], de premiers verbes, des 6 premiers verbes... De même, on évitera d'évoquer les « personnes » de la conjugaison, les 1ères, les 2èmes et les 3èmes du singulier ou du pluriel et on préférera parler de « forme je », de forme « tu »,... Le terme « règle » étant pratiquement absent de la description des procédures, pour les raisons évoquées plus haut, on évitera également de parler de verbes « irréguliers » et de formes « irrégulières », mais plutôt de « particularités » ou de « formes particulières », tout ceci afin de préserver la cohérence de ce système.

Les exercices

Quelques exercices oraux et écrits sont proposés pour parer aux premières nécessités d'application. Ils servent également, pour certains, d'exemples type ; en effet, de nouveaux exercices sont possibles - et souhaitables - à partir des « procédures ». Le vocabulaire de ces exercices est volontairement restreint afin que tous les étudiants, et principalement les débutants, ne soient pas gênés par des problèmes lexicaux et puissent se concentrer uniquement sur la conjugaison. L'étudiant peut également appliquer ces procédures aux exercices de son manuel de FLE, à condition toutefois que les consignes de ce dernier ne le mettent pas dans l'embarras par une terminologie traditionnelle.

En espérant alléger ainsi l'apprentissage formel de la conjugaison et permettre aux étudiants de Français Langue Étrangère de faire porter plus sereinement leurs efforts sur l'acquisition des autres compétences nécessaires à la maîtrise de la langue française.

JCG

SOMMAIRE

Les 100 premiers verbes 15
Exercices de mémorisation des 6 premiers verbes 23
Test de mémorisation des 100 premiers verbes 31
Conjugaison complète des 6 premiers verbes 33
Les procédures :

Les temps du réel
L'infinitif 48
Le Présent de l'Indicatif 50
L'Impératif 58
Le Participe Présent 60

Les temps de l'irréel
Le Futur 62
Le Conditionnel Présent 66
Le Subjonctif Présent 68

Les temps du passé
L'Imparfait 70
Le Participe Passé 72
Le Passé Composé 74
Les autres temps composés 76

Les temps de la langue écrite
Le Passé Simple 78
Le Subjonctif Imparfait 80
Les temps composés de la langue écrite 82

Exercices d'application 83
Les 1000 verbes particuliers 101
Critères de sélection des 1000 verbes particuliers 145
Transcription des exercices oraux 146

Conjuguer à partir des formes de base

Les outils

Les procédures

Toute la conjugaison d'un verbe peut être obtenue à partir de ses formes de base selon les procédures exposées aux pages 47 à 82.

Les 100 premiers verbes

Les « 100 premiers verbes » ont été choisis parmi les plus fréquents en contexte d'apprentissage du français et classés par ordre de priorité d'apprentissage.

Les 6 premiers verbes

Les conjugaisons complètes des « 6 premiers verbes » sont présentées à part, page 33
Elles montrent, en outre, l'organisation des temps et des modes de la conjugaison.

Le tableau des 1000 verbes particuliers

Le tableau des 1000 verbes particuliers, pages 101 à 142, permet d'obtenir, pour ces verbes et par déduction pour des milliers d'autres qui n'y figurent pas, toutes les formes verbales nécessaires à un utilisateur « expérimenté » de niveau C1 ou C2 en langue française.

Formes de base des 100 premiers verbes

FORMES DE BASE DES 100 PREMIERS VERBES

English translation : page 19

	INFINITIF	PRÉSENT DE L'INDICATIF		PASSÉ COMPOSÉ	FUTUR *je*	SUB-JONCTIF *que je*	PASSÉ SIMPLE *je*
1	être	je suis	nous sommes	j'ai été	serai	sois	*fus*
		tu es	vous êtes				
		il est	ils sont				
2	avoir	j'ai	nous avons	j'ai eu	aurai	aie	*eus*
		tu as	vous avez				
		il a	ils ont				
3	faire	je fais	nous faisons	j'ai fait	ferai	fasse	*fis*
		tu fais	vous faites				
		il fait	ils font				
4	aller	je vais	nous allons	je suis allé	irai	aille	*allai*
		tu vas	vous allez				
		il va	ils vont				
5	dire	je dis	nous disons	j'ai dit	dirai	dise	*dis*
		tu dis	vous dites				
		il dit	ils disent				
6	savoir	je sais	nous savons	j'ai su	saurai	sache	*sus*
		tu sais	vous savez				
		il sait	ils savent				

Pour en savoir plus

Les formes verbales des six premiers verbes ne s'obtiennent pas selon les procédures proposées ci-après pour tous les autres verbes.

Dans les pages qui suivent, leurs formes particulières sont données pour chaque temps de la conjugaison.

INFINITIF	PRÉSENT DE L'INDICATIF		PARTICIPE PASSÉ	FUTUR	SUB-JONCTIF	PASSÉ SIMPLE
	je	vous		je	que je	je
7 pouvoir	peu*x*	pou*v*ez	pu	pourrai	puisse	*pus*
8 venir	vie*n*s	ve*n*ez	venu	viendrai		*vins*
9 croire	croi*s*	croyez	cru			*crus*
10 mettre	me*ts*	me*tt*ez	mis			*mis*
11 devoir	doi*s*	de*v*ez	dû	devrai		*dus*
12 connaître	connai*s*	connai*ss*ez	connu			*connus*
13 vouloir	v*eu*x	voulez	voulu	voudrai	veuille	*voulus*
14 attendre	atten*ds*	atten*d*ez	attendu			*attendis*
15 entendre	enten*ds*	enten*d*ez	entendu			*entendis*
16 prendre	pren*ds*	pre*n*ez	pris			*pris*
17 comprendre	compren*ds*	compre*n*ez	compris			*compris*
18 parler	parl*e*	parlez				
19 demander	demand*e*	demandez				
20 répondre	répon*ds*	répon*d*ez	répondu			*répondis*
21 écouter	écout*e*	écoutez				
22 regarder	regard*e*	regardez				
23 voir	voi*s*	voyez	vu	verrai		*vis*
24 falloir (il)	il faut	(il fallait)	fallu	faudra	faille	*fallut*
25 lire	li*s*	li*s*ez	lu			*lus*
26 écrire	écri*s*	écri*v*ez	écrit			*écris*
27 apprendre	appren*ds*	appre*n*ez	appris			*appris*
28 expliquer	expliqu*e*	expliquez				
29 présenter	présent*e*	présentez				
30 *appeler*	*appelle*	appelez				

Toute la conjugaison d'un verbe peut être obtenue à partir de ses formes de base selon les procédures exposées aux pages 45 à 80.

FORMES DE BASE DES 100 PREMIERS VERBES

	INFINITIF	PRÉSENT DE L'INDICATIF		PARTICIPE PASSÉ	FUTUR	SUB-JONCTIF	PASSÉ SIMPLE
		je	vous		je	que je	je
31	donner	donne	donnez				
32	oublier	oublie	oubliez				
33	penser	pense	pensez				
34	chercher	cherche	cherchez				
35	trouver	trouve	trouvez				
36	travailler	travaille	travaillez				
37	habiter	habite	habitez				
38	entrer	entre	entrez				
39	arriver	arrive	arrivez				
40	passer	passe	passez				
41	**partir**	**par**s	par**t**ez	parti			*partis*
42	**sortir**	**sor**s	sor**t**ez	sorti			*sortis*
43	rentrer	rentre	rentrez				
44	**revenir**	**revien**s	reve**n**ez	revenu	reviendrai		*revins*
45	**descendre**	**descen**ds	descen**d**ez	descendu			*descendis*
46	monter	monte	montez				
47	arrêter	arrête	arrêtez				
48	tourner	tourne	tournez				
49	rencontrer	rencontre	rencontrez				
50	rester	reste	restez				
51	commencer	commence	commencez				
52	**finir**	**fini**s	fini**ss**ez	fini			*finis*
53	aimer	aime	aimez				
54	*préférer*	*préfère*	préférez				
55	jouer	joue	jouez				
56	*répéter*	*répète*	répétez				

FORMES DE BASE DES 100 PREMIERS VERBES

	INFINITIF	PRÉSENT DE L'INDICATIF		PARTICIPE PASSÉ	FUTUR	SUB-JONCTIF	PASSÉ SIMPLE
		je	vous		je	que je	je
57	étudier	étudie	étudiez				
58	**perdre**	**perd**s	per**d**ez	perdu			*perdis*
59	inviter	invite	invitez				
60	**tenir**	**tien**s	te**n**ez	tenu	tiendrai		*tins*
61	**paraître**	**parai**s	parai**ss**ez	paru			*parus*
62	**rendre**	**rend**s	ren**d**ez	rendu			*rendis*
63	**offrir**	offre	offrez	offert			*offris*
64	**ouvrir**	ouvre	ouvrez	ouvert			*ouvris*
65	fermer	ferme	fermez				
66	apporter	apporte	apportez				
67	manger	mange	mangez				
68	**boire**	**boi**s	bu**v**ez	bu			*bus*
69	marcher	marche	marchez				
70	*acheter*	*achète*	achetez				
71	*payer*	*paie*	payez				
72	**sentir**	**sen**s	sen**t**ez	senti			*sentis*
73	*essayer*	*essaie*	essayez				
74	**servir**	**ser**s	ser**v**ez	servi			*servis*
75	**vendre**	**vend**s	ven**d**ez	vendu			*vendis*
76	**valoir**	**vau**x	va**l**ez	valu	vaudrai	vaille	*valus*
77	**recevoir**	**reçoi**s	rece**v**ez	reçu	recevrai		*reçus*
78	*amener*	*amène*	amenez				
79	*compléter*	*complète*	complétez				
80	*envoyer*	*envoie*	envoyez		enverrai		
81	saluer	salue	saluez				
82	**asseoir**	**assoi**s	assoyez	assis	assoirai		*assis*

FORMES DE BASE DES 100 PREMIERS VERBES

	INFINITIF	PRÉSENT DE L'INDICATIF		PARTICIPE PASSÉ	FUTUR	SUB-JONCTIF	PASSÉ SIMPLE
		je	vous		je	que je	je
83	*lever*	*lève*	levez				
84	**choisir**	**choisi**s	choisi**ss**ez	choisi			*choisis*
85	**courir**	cour**s**	courez	couru	courrai		*courus*
86	**suivre**	**sui**s	sui**v**ez	suivi			*suivis*
87	**vivre**	vi**s**	vi**v**ez	vécu			*vécus*
88	**conduire**	**condui**s	condui**s**ez	conduit			*conduisis*
89	**mourir**	meur**s**	mourez	mort	mourrai		*mourus*
90	**devenir**	**devien**s	deve**n**ez	devenu	deviendrai		*devins*
91	chanter	chante	chantez				
93	souhaiter	souhaite	souhaitez				
92	*espérer*	*espère*	espérez				
94	**réussir**	**réussi**s	réussi**ss**ez	réussi			*réussis*
95	**battre**	ba**t**s	ba**tt**ez	battu			*battis*
96	*jeter*	*jette*	jetez				
97	**rire**	ri**s**	riez	ri			*ris*
98	**pleuvoir** (il)	il pleut	(il pleuvait)	plu	*il* pleuvra		*il plut*
99	**éteindre**	**étein**s	étei**gn**ez	éteint			*éteignis*
100	**dormir**	dor**s**	dor**m**ez	dormi			*dormis*

Tests de mémorisation des 100 premiers verbes, page 29

Pour tous les autres verbes, voir tableau des 1000 verbes, page 99.

Le signe **<** indique que, dans d'autres formes, cette voyelle peut *s'ouvrir*.
Le signe **x** indique que, dans d'autres formes, cette lettre peut *disparaître*.

Voir pages 95-97

THE FIRST 100 VERBS

1	être	*to be*
2	avoir	*to have*
3	faire	*to do, to make*
4	aller	*to go*
5	dire	*to say, to tell*
6	savoir	*to know*
7	pouvoir	*can, to be able, may*
8	venir	*to come*
9	croire	*to believe*
10	mettre	*to put, to place*
11	devoir	*must, to owe,*
12	connaître	*to know*
13	vouloir	*to want, to wish*
14	attendre	*to wait*
15	entendre	*to hear*
16	prendre	*to take, to catch*
17	comprendre	*to understand*
18	parler	*to speak, to talk*
19	demander	*to ask, to request*
20	répondre	*to answer, to reply*
21	écouter	*to listen*
22	regarder	*to look at*
23	voir	*to see*
24	falloir	*to have to, to need*
25	lire	*to read*
26	écrire	*to write*
27	apprendre	*to learn*
28	expliquer	*to explain*
29	présenter	*to present, introduce*
30	appeler	*to call*
31	donner	*to give*
32	oublier	*to forget*
33	penser	*to think*
34	chercher	*to look for*
35	trouver	*to find*
36	travailler	*to work*
37	habiter	*to live in*
38	entrer	*to go into, to enter*
39	arriver	*to arrive, to happen*
40	passer	*to pass, to go past*
41	partir	*to leave, to go*
42	sortir	*to go out*
43	rentrer	*to go home*
44	revenir	*to go back, to return*
45	descendre	*to go down*
46	monter	*to go up*
47	arrêter	*to stop*
48	tourner	*to turn*
49	rencontrer	*to meet*
50	rester	*to stay, to remain*

THE 100 FIRST VERBS

51	commencer	to begin
52	finir	to end
53	aimer	to love, to like
54	préférer	to prefer
55	jouer	to play
56	répéter	to repeat
57	étudier	to study
58	perdre	to loose
59	inviter	to invite
60	tenir	to hold
61	paraître	to seem, to look
62	rendre	to return, give back
63	offrir	to offer
64	ouvrir	to open
65	fermer	to close
66	apporter	to bring
67	manger	to eat
68	boire	to drink
69	marcher	to walk
70	acheter	to buy
71	payer	to pay
72	sentir	to feel, to smell
73	essayer	to try
74	servir	to serve
75	vendre	to sell

76	valoir	to be worth
77	recevoir	to receive
78	amener	to bring
79	compléter	to complete
80	envoyer	to send
81	saluer	to greet
82	asseoir	to sit
83	lever	to left
84	choisir	to choose
85	courir	to run
86	suivre	to follow
87	vivre	to live
88	conduire	to drive
89	mourir	to die
90	devenir	to become
91	chanter	to sing
92	souhaiter	to wish
93	espérer	to hope
94	réussir	to succeed
95	battre	to beat
96	jeter	to throw
97	rire	to laugh
98	pleuvoir	to rain
99	éteindre	to turn off
100	dormir	to sleep

Exercices de mémorisation des 6 premiers verbes au Présent de l'Indicatif

EXERCICES

Présent des 6 premiers verbes

EXERCICES ORAUX

(A faire avec le professeur ou un compagnon d'études. Écouter, tout en regardant l'exemple ou la consigne, et répondre oralement (sans écrire). Transcription complète des exercices oraux, p. 146)

1. Répétez les expressions que vous allez entendre en les faisant précéder de :
  il a ...
  ou   il va ...

Exemple :
Vous entendez : "un billet"
vous répétez : "il a un billet"

Vous entendez : "au théâtre"
vous répétez : "il va au théâtre"
......

2. Même exercice, en les faisant précéder de
  tu as ...
  ou tu vas ...
....

3. Répétez les expressions que vous allez entendre en les faisant précéder de :
  il est ...
  il sait ...
  ou   il fait ...
....

4. Même exercice, en les faisant précéder de : tu es ... tu sais ... ou tu fais ...
....

5. Répétez la forme verbale que vous allez entendre et ajoutez la forme "il".

Exemple : vous entendez "vous êtes"
vous répétez   "vous êtes - il est"
....

6. Répétez la forme verbale que vous allez entendre et ajoutez la forme "vous".

Exemple :
vous entendez "il dit"
vous répétez   "il dit - vous dites"
....

7. Répétez les expressions que vous allez entendre en les faisant précéder de :
  vous êtes ...
  vous faites ...
  ou   vous dites ...
....

8. Même exercice, en les faisant précéder de
  tu es ...
  tu fais ...
  ou tu dis ...
....

9. Répétez la forme verbale que vous allez entendre et ajoutez la forme "nous".

EXERCICES

Présent des 6 premiers verbes

Exemple :
vous entendez "vous savez
vous répétez "vous savez – nous savons"
...

10. Répétez les expressions que vous allez entendre en les faisant précéder de : vous avez ... vous savez ... ou vous allez ...
....

11. Même exercice, en les faisant précéder de : nous sommes ... ou nous faisons ...
....

12. Répondez en remplaçant "je" par "ils" (Pierre et Marie).

Exemple :
- Je suis professeur. Et eux ?
- Eux aussi, ils sont professeurs.
....

13. Répondez en remplaçant "ils" par "je".
Exemple :
- Ils sont professeurs. Et vous ?
- Moi aussi, je suis professeur.
....

14. Ecoutez les questions et répondez :
    Oui, je...
....

EXERCICES ÉCRITS

15. Complétez chaque ligne avec le même verbe.

J'ai   tu ....   il ....
Je ....   tu es   il ....
Je ....   tu ....   il sait
Je dis   tu ......   il ....

16. Même exercice.

J' ....   vous avez   ils ....
Je ......   vous ....   ils sont
Je ....   vous allez   ils ....
Je fais   vous ....   ils ....

17. Même exercice.

Il ....   nous disons   vous ....
Il ....   nous ....   vous savez
Il est   nous ....   vous ....
Il ......   nous faisons   vous ....

18. Même exercice.

Je vais   tu ....   vous ....
Je ....   tu sais   vous ....
Je ....   tu..........   vous êtes
J' ....   tu as   vous ....

EXERCICES

Présent des 6 premiers verbes

*19. Complétez avec **être** ou **avoir**.*

Elle .... journaliste. Elle .... 25 ans. Elle .... belle. Elle .... un mari. Elle .... un grand appartement. Elle .... heureuse.

Il .... pauvre. Il .... malade. Il n'........ pas de maison. Il .... 5 enfants. Il n'........... pas de profession. Il .... malheureux.

20. Complétez avec "a" ou "à".

Elle .... son billet.
Elle va .... l'opéra.
Il va .... l'école ..... bicyclette.
Il y .... une fête au village.
Elle .... un appartement .... Paris.
Il .... des exercices .... faire.
Demande .... Thomas s'il .... son téléphone !

21. Complétez avec l'un des six premiers verbes.

- Vous .... célibataire ?
- Non, je .... mariée et j' .... deux enfants.
- Qu'est-ce que vous .... ?
- Je .... danseuse de cabaret.
  Et votre mari ne ....rien ?
- Il ne le .... pas !

22. Complétez avec l'un des six premiers verbes.

- Monsieur, s'il vous plaît ! Vos papiers !
- Quelle .... votre profession ?
- Je .... porteur.
- Qu'est-ce que vous .... dans cette boîte ?
- Je ne .... pas exactement. Elle .... à mon patron, Monsieur !

EXERCICES

Présent des 6 premiers verbes

23. Complétez avec l'un des six premiers verbes.

- Qu'est-ce qu'on .... ?
- On .... au Cinéma Rex !
Il .... un bon film russe.
- C' .... rare !
- D'accord, on y ....

24. Complétez avec l'un des six premiers verbes.

- Qui est-ce ?
- Ce .... des soldats !
- Qu'est-ce qu'ils .... ?
- Je ne .... pas. Ils ....
des fusils.
- Ah ! mon Dieu ! Ils ....
encore tirer.

25. Complétez avec l'un des six premiers verbes.

J' .... un vélomoteur pour aller à la fac. Mes parents .... peur. Ils .... que c' .... dangereux et qu'un jour je .... tomber.

26. Complétez avec l'un des six premiers verbes.

Sur la scène il y .... deux musiciens. Carlinhos et Jimmy. Carlinhos .... trente ans et il .... brésilien. C' .... le chanteur. Jimmy .... vingt-cinq ans et il .... américain. C'............. le pianiste.

27. Complétez avec l'un des six premiers verbes.

Dans mon village il y .... beaucoup de vieilles gens. Ce .... surtout des femmes. Elles .... petites et maigres. Quelques unes .... plus de cent ans. Elles .... la cuisine, elles .... à l'église et elles .... encore tricoter.

EXERCICES

Présent des 6 premiers verbes

28. Enchaînez les expressions suivantes en les conjuguant avec "je", puis avec "vous" et enfin avec "ils".

Exemple. Vous lisez :

Être sportif
Avoir une bicyclette
Mais aller au lycée à pied
Faire de la bicyclette le dimanche.

Vous dites :

- Je suis sportif. J'ai une bicyclette mais je vais au lycée à pied. Je fais de la bicyclette le dimanche.

- Vous êtes sportif. Vous avez une ..... etc.

- Ils sont sportifs. Ils ont ... etc.

29. Même exercice.

Etre anglais
Avoir un bateau
Avoir un ami en Bretagne
Aller à la pêche avec lui.

30. Même exercice.

Avoir quarante euros
Être content
Savoir où aller
Aller au cinéma

31. Même exercice.

Avoir un mouchoir
Dire au revoir
Être triste
Aller à la guerre

32. Enchaînez les expressions suivantes en les conjuguant à toutes les formes du présent.

Exemple :

- Je suis jeune, j'ai une v...
- Tu es jeune, tu as...
- etc.

être   jeune(s)
avoir une voiture
savoir conduire
faire du tourisme
aller au bord de la mer
dire bonjour aux garçons (aux filles)

EXERCICES

Présent des 6 premiers verbes

33. Combiner les expressions deux à deux de façon à décrire un individu (il), ou un couple (ils) ou vous-même (je).

Exemple :

Je suis professeur d'histoire.
Je sais parler le Grec.
    ou
Ils font de bonnes affaires.
Ils ont beaucoup d'argent.

être heureux
être professeur d'histoire
être beau et riche
être très poli
être amoureux
    avoir de l'argent
    avoir une grande voiture
    avoir beaucoup de chance
    avoir une jolie femme
aller en vacances en Grèce
aller danser tous les soirs
    faire du grec
    faire de bonnes affaires
    faire de grands sourires
dire toujours la vérité
dire bonjour aux clients
dire des mots d'amour
    savoir parler le grec
    savoir conduire
    savoir dire merci
    savoir parler

**34. Quel est l'infinitif qui n'a pas de forme correspondante dans la colonne de droite ?
Répondre par un X sur une lettre.**

(Attention, chaque colonne ne comporte qu'une seule réponse !)

Exemple:

  a) être   ai
  b) avoir   vais
  c) savoir   sais
X d) faire   est
  e) aller

1. a) savoir   fais
   b) aller   sait
   c) avoir   va
   d) être   as
   e) faire

2. a) faire   vont
   b) avoir   font
   c) savoir   ont
   d) aller   sont
   e) être

3. a) aller   faites
   b) être   dites
   c) dire   allez
   d) faire   avez
   e) avoir

EXERCICES

Présent des 6 premiers verbes

35. Identifiez la série et chassez l'intrus.
Exemple :
    a)   dis
    b)   dites
X c)   faites
    d)   dit
    e)   disons
(formes du verbe dire, sauf "faites")

Autre exemple :
    a)   va
    b)   a
    c)   est
X d)   dis
    e)   sait
(formes "il", sauf "dis")

1. a)   avez
   b)   avons
   c)   as
   d)   sont
   e)   ai

2. a)   es
   b)   as
   c)   sais
   d)   dites
   e)   vas

3. a)   dit
   b)   va
   c)   ai
   d)   sait
   e)   fait

4. a)   vas
   b)   dis
   c)   suis
   d)   ai
   e)   sais

36. Même exercice.

1. a)   sont
   b)   ont
   c)   savons
   d)   disent
   e)   vont

2. a)   allons
   b)   avons
   c)   sommes
   d)   vont
   e)   savons

3. a)   allons
   b)   vas
   c)   allez
   d)   ai
   e)   vont

4. a)   savez
   b)   êtes
   c)   dites
   d)   faites
   e)   sais

TESTS DE MÉMORISATION

Complétez les formes de bases manquantes

37. Verbes 7 à 18

Infinitif	je (j')	vous
attendre	....	....
....	....	comprenez
....	connais	....
....	crois	....
devoir	....	....
mettre	....	....
....	....	pouvez
prendre	....	....
....	viens	....
vouloir	....	....

38. Verbes 19 à 30

Infinitif	je (j')	vous
....	arrive	....
....	....	cherchez
entrer	....	....
....	habite	....
oublier	....	....
....	pars	....
....	....	pensez
sortir	....	....
....	....	travaillez
....	trouve	....

39. Verbes 31 à 42

Infinitif	je (j')	vous
....	arrive	....
chercher	....	....
....	....	entrez
habiter	....	....
....	....	oubliez
....	pars	....
....	....	pensez
sortir	....	....
....	travaille	....
trouver	....	....

40. Verbes 43 à 54

Infinitif	je (j')	vous
aimer	....	....
....	arrête	....
....	....	commencez
descendre	....	....
....	....	finissez
préférer	....	....
....	rencontre	....
....	....	rentrez
rester	....	....
....	....	revenez

TESTS DE MÉMORISATION

Complétez les formes de bases manquantes

41. Verbes 55 à 66

Infinitif	je (j')	vous
apporter	………	………….
………	étudie	………….
………	………	jouez
………	offre	………….
ouvrir	………	………….
paraître	………	………….
………	………	perdez
………	………	rendez
……….	répète	………….
tenir	………	………….

42. Verbes 67 à 78

Infinitif	je (j')	vous
……….	achète	………….
……….	……….	amenez
boire	………	………….
……….	essaie	………….
payer	………	………….
……….	reçois	………….
……….	………	sentez
servir	………	………….
………	………	valez
……….	vends	………….

43. Verbes 79 à 90

Infinitif	je (j')	vous
……….	m'assois	………….
choisir	……….	………….
……….	……….	conduisez
courir	……….	………….
……….	……….	devenez
……….	envoie	………….
……….	……….	levez
mourir	……….	………….
……….	……….	suivez
……….	vis	………….

44. Verbes 91 à 100

Infinitif	je (j')	vous
battre	……….	………….
……….	chante	………….
……….	……….	dormez
espérer	……….	………….
……….	……….	éteignez
jeter	……….	………….
……….	(il) pleut	
……….	……….	réussissez
rire	……….	………….
……….	……….	souhaitez

Conjugaison complète des 6 premiers verbes

Être

INDICATIF

Présent
je	suis
tu	es
il	est
nous	sommes
vous	êtes
ils	sont

Imparfait
j'	étais
tu	étais
il	était
nous	étions
vous	étiez
ils	étaient

Passé simple
je	fus
tu	fus
il	fut
nous	fûmes
vous	fûtes
ils	furent

Futur
je	serai
tu	seras
il	sera
nous	serons
vous	serez
ils	seront

Passé composé
j'	ai	été
tu	as	été
il	a	été
nous	avons	été
vous	avez	été
ils	ont	été

Plus que parfait
j'	avais	été
tu	avais	été
il	avait	été
nous	avions	été
vous	aviez	été
ils	avaient	été

Passé antérieur
j'	eus	été
tu	eus	été
il	eut	été
nous	eûmes	été
vous	eûtes	été
ils	eurent	été

Futur antérieur
j'	aurai	été
tu	auras	été
il	aura	été
nous	aurons	été
vous	aurez	été
ils	auront	été

IMPÉRATIF

Présent
sois
soyons
soyez

CONDITIONNEL

Présent	Passé 1ère forme	Passé 2ème forme
je serais	j' aurais été	j' eusse été
tu serais	tu aurais été	tu eusses été
il serait	il aurait été	il eût été
nous serions	nous aurions été	nous eussions été
vous seriez	vous auriez été	vous eussiez été
ils seraient	ils auraient été	ils eussent été

SUBJONCTIF

Présent	Imparfait	Passé
que je sois	que je fusse	que j' aie été
que tu sois	que tu fusses	que tu aies été
qu'il soit	qu'il fût	qu'il ait été
que nous soyons	que nous fussions	que nous ayons été
que vous soyez	que vous fussiez	que vous ayez été
qu'ils soient	qu'ils fussent	qu'ils aient été

Plus que parfait
que j' eusse été
que tu eusses été
qu'il eût été
que ns eussions été
que vs eussiez été
qu'ils eussent été

PARTICIPE

Présent
étant

Passé
été – ayant été

INFINITIF

Présent
être

Passé
avoir été

Avoir

INDICATIF

Présent
j' ai
tu as
il a
nous avons
vous avez
ils ont

Imparfait
j' avais
tu avais
il avait
nous avions
vous aviez
ils avaient

Passé simple
j' eus
tu eus
il eut
nous eûmes
vous eûtes
ils eurent

Futur
j' aurai
tu auras
il aura
nous aurons
vous aurez
ils auront

Passé composé
j' ai eu
tu as eu
il a eu
nous avons eu
vous avez eu
ils ont eu

Plus que parfait
j' avais eu
tu avais eu
il avait eu
nous avions eu
vous aviez eu
ils avaient eu

Passé antérieur
j' eus eu
tu eus eu
il eut eu
nous eûmes eu
vous eûtes eu
ils eurent eu

Futur antérieur
j' aurai eu
tu auras eu
il aura eu
nous aurons eu
vous aurez eu
ils auront eu

IMPÉRATIF

Présent
aie
ayons
ayez

CONDITIONNEL

Présent

j' aurais
tu aurais
il aurait
nous aurions
vous auriez
ils auraient

Passé 1ère forme

j' aurais eu
tu aurais eu
il aurait eu
nous aurions eu
vous auriez eu
ils auraient eu

Passé 2ème forme

j' eusse eu
tu eusses eu
il eût eu
nous eussions eu
vous eussiez eu
ils eussent eu

SUBJONCTIF

Présent

que j' aie
que tu aies
qu'il ait
que nous ayons
que vous ayez
qu'ils aient

Imparfait

que j' eusse
que tu eusses
qu'il eût
que nous eussions
que vous eussiez
qu'ils eussent

Passé

que j' aie eu
que tu aies eu
qu'il ait eu
que nous ayons eu
que vous ayez eu
qu'ils aient eu

Plus que parfait

que j' eusse eu
que tu eusses eu
qu'il eût eu
que ns eussions eu
que vs eussiez eu
qu'ils eussent eu

PARTICIPE

Présent

ayant

Passé

eu – ayant eu

INFINITIF

Présent

avoir

Passé

avoir eu

Faire

INDICATIF

Présent

je	fais
tu	fais
il	fait
nous	faisons
vous	faites
ils	font

Imparfait

je	faisais
tu	faisais
il	faisait
nous	faisions
vous	faisiez
ils	faisaient

Passé simple

je	fis
tu	fis
il	fit
nous	fîmes
vous	fîtes
ils	firent

Futur

je	ferai
tu	feras
il	feras
nous	ferons
vous	ferez
ils	feront

Passé composé

j'	ai	fait
tu	as	fait
il	a	fait
nous	avons	fait
vous	avez	fait
ils	ont	fait

Plus que parfait

j'	avais	fait
tu	avais	fait
il	avait	fait
nous	avions	fait
vous	aviez	fait
ils	avaient	fait

Passé antérieur

j'	eus	fait
tu	eus	fait
il	eut	fait
nous	eûmes	fait
vous	eûtes	fait
ils	eurent	fait

Futur antérieur

j'	aurai	fait
tu	auras	fait
il	aura	fait
nous	aurons	fait
vous	aurez	fait
ils	auront	fait

IMPÉRATIF

Présent

fais
faisons
faites

CONDITIONNEL

Présent	Passé 1ère forme	Passé 2ème forme
je ferais	j' aurais fait	j' eusse fait
tu ferais	tu aurais fait	tu eusses fait
il ferait	il aurait fait	il eût fait
nous ferions	nous aurions fait	nous eussions fait
vous feriez	vous auriez fait	vous eussiez fait
ils feraient	ils auraient fait	ils eussent fait

SUBJONCTIF

Présent	Imparfait	Passé
que je fasse	que je fisse	que j' aie fait
que tu fasses	que tu fisses	que tu aies fait
qu'il fasse	qu'il fît	qu'il ait fait
que nous fassions	que nous fissions	que nous ayons fait
que vous fassiez	que vous fissiez	que vous ayez fait
qu'ils fassent	qu'ils fissent	qu'ils aient fait

Plus que parfait
que j' eusse fait
que tu eusses fait
qu'il eût fait
que ns eussions fait
que vs eussiez fait
qu'ils eussent fait

PARTICIPE

Présent
faisant

Passé
fait – ayant fait

INFINITIF

Présent
faire

Passé
avoir fait

Aller

INDICATIF

Présent		Imparfait		Passé simple	
je	vais	j'	allais	j'	allai
tu	vas	tu	allais	tu	allas
il	va	il	allait	il	alla
nous	allons	nous	allions	nous	allâmes
vous	allez	vous	alliez	vous	allâtes
ils	vont	ils	allaient	ils	allèrent

Futur		Passé composé			Plus que parfait		
j'	irai	je	suis	allé	j'	étais	allé
tu	iras	tu	es	allé	tu	étais	allé
il	ira	il	est	allé	il	était	allé
nous	irons	nous	sommes	allés	nous	étions	allés
vous	irez	vous	êtes	allés	vous	étiez	allés
ils	iront	ils	sont	allés	ils	étaient	allés

Passé antérieur			Futur antérieur		
je	fus	allé	je	serai	allé
tu	fus	allé	tu	seras	allé
il	fut	allé	il	sera	allé
nous	fûmes	allés	nous	serons	allés
vous	fûtes	allés	vous	serez	allés
ils	furent	allés	ils	seront	allés

IMPÉRATIF

Présent
va
allons
allez

CONDITIONNEL

Présent	Passé 1ère forme	Passé 2ème forme
j' irais	je serais allé	je fusse allé
tu irais	tu serais allé	tu fusses allé
il irait	il serait allé	il fût allé
nous irions	nous serions allés	nous fussions allés
vous iriez	vous seriez allés	vous fussiez allés
ils iraient	ils seraient allés	ils fussent allés

SUBJONCTIF

Présent	Imparfait	Passé
que j' aille	que j' allasse	que je sois allé
que tu ailles	que tu allasses	que tu sois allé
qu'il aille	qu'il allât	qu'il soit allé
que nous allions	que nous allassions	que ns soyons allés
que vous alliez	que vous allassiez	que vs soyez allés
qu'ils aillent	qu'ils allassent	qu'ils soient allés

Plus que parfait
que je fusse allé
que tu fusses allé
qu'il fût allé
que ns fussions allés
que vs fussiez allés
qu'ils fussent allés

PARTICIPE

Présent
allant

Passé
allé – étant allé

INFINITIF

Présent
aller

Passé
être allé

Dire

INDICATIF

Présent		Imparfait		Passé simple	
je	dis	je	disais	je	dis
tu	dis	tu	disais	tu	dis
il	dit	il	disait	il	dit
nous	disons	nous	disions	nous	dîmes
vous	dites	vous	disiez	vous	dîtes
ils	disent	ils	disaient	ils	dirent

Futur		Passé composé			Plus que parfait		
je	dirai	j'	ai	dit	j'	avais	dit
tu	diras	tu	as	dit	tu	avais	dit
il	dira	il	a	dit	il	avait	dit
nous	dirons	nous	avons	dit	nous	avions	dit
vous	direz	vous	avez	dit	vous	aviez	dit
ils	diront	ils	ont	dit	ils	avaient	dit

Passé antérieur			Futur antérieur		
j'	eus	dit	j'	aurai	dit
tu	eus	dit	tu	auras	dit
il	eut	dit	il	aura	dit
nous	eûmes	dit	nous	aurons	dit
vous	eûtes	dit	vous	aurez	dit
ils	eurent	dit	ils	auront	dit

IMPÉRATIF

Présent
dis
disons
dites

CONDITIONNEL

Présent	Passé 1ère forme	Passé 2ème forme
je dirais	j' aurais dit	j' eusse dit
tu dirais	tu aurais dit	tu eusses dit
il dirait	il aurait dit	il eût dit
nous dirions	nous aurions dit	nous eussions dit
vous diriez	vous auriez dit	vous eussiez dit
ils diraient	ils auraient dit	ils eussent dit

SUBJONCTIF

Présent	Imparfait	Passé
que je dise	que je disse	que j' aie dit
que tu dises	que tu disses	que tu aies dit
qu'il dise	qu'il dît	qu'il ait dit
que nous disions	que nous dissions	que nous ayons dit
que vous disiez	que vous dissiez	que vous ayez dit
qu'ils disent	qu'ils dissent	qu'ils aient dit

Plus que parfait
que j' eusse dit
que tu eusses dit
qu'il eût dit
que ns eussions dit
que vs eussiez dit
qu'ils eussent dit

PARTICIPE

Présent
disant

Passé
dit – ayant dit

INFINITIF

Présent
dire

Passé
avoir dit

Savoir

INDICATIF

Présent	Imparfait	Passé simple
je sais	je savais	je sus
tu sais	tu savais	tu sus
il sait	il savait	il sut
nous savons	nous savions	nous sûmes
vous savez	vous saviez	vous sûtes
ils savent	ils savaient	ils surent

Futur	Passé composé	Plus que parfait
je saurai	j' ai su	j' avais su
tu sauras	tu as su	tu avais su
il saura	il a su	il avait su
nous saurons	nous avons su	nous avions su
vous saurez	vous avez su	vous aviez su
ils sauront	ils ont su	ils avaient su

Passé antérieur	Futur antérieur
j' eus su	j' aurai su
tu eus su	tu auras su
il eut su	il aura su
nous eûmes su	nous aurons su
vous eûtes su	vous aurez su
ils eurent su	ils auront su

IMPÉRATIF

Présent
sache
sachons
sachez

CONDITIONNEL

Présent	Passé 1ère forme	Passé 2ème forme
je saurais	j' aurais su	j' eusse su
tu saurais	tu aurais su	tu eusses su
il saurait	il aurait su	il eût su
nous saurions	nous aurions su	nous eussions su
vous sauriez	vous auriez su	vous eussiez su
ils sauraient	ils auraient su	ils eussent su

SUBJONCTIF

Présent	Imparfait	Passé
que je sache	que je susse	que j' aie su
que tu saches	que tu susses	que tu aies su
qu'il sache	qu'il sût	qu'il ait su
que nous sachions	que nous sussions	que nous ayons su
que vous sachiez	que vous sussiez	que vous ayez su
qu'ils sachent	qu'ils sussent	qu'ils aient su

Plus que parfait
que j' eusse su
que tu eusses su
qu'il eût su
que ns eussions su
que vs eussiez su
qu'ils eussent su

PARTICIPE

Présent
sachant

Passé
su – ayant su

INFINITIF

Présent
savoir

Passé
avoir su

Les procédures

INFINITIF

Première forme verbale

Il faut **aller** à l'école pour **apprendre** à **lire**, **écrire** et **compter**.

Tableau des formes de base			
INFINITIF	PRÉSENT		...
	je	vous	
aller	...	...	...
apprendre	...	...	...
lire	...	...	...
écrire	...	...	...
compter	...	...	...

INFINITIF

Le nom du verbe

L'infinitif est la première forme de base d'un verbe.

C'est aussi son nom.

On dit :
    verbe « aller »
    verbe « apprendre »
    verbe « lire »
    verbe « écrire »
    verbe « compter »

A l'oral, on distingue deux groupes d'infinitifs :

Les infinitifs terminés par le son «é» *transcrit* [e] *en phonétique ;* leur terminaison s'écrit **...er.**

Les infinitifs terminés par le son [R] ; leur terminaison s'écrit **...r** ou **...re**.

Exercices, page 82

Infinitif en [e]

compter
copier
parler
regarder
habiter
...

Infinitif en [R]

apprendre
lire
boire
finir
voir
partir

Non...

ne pas boire

Pour en savoir plus

L'infinitif ne se conjugue pas. Il n'a qu'une forme.
Exemple : *Ils viennent pour **dîner** – Nous attendons avant d'**entrer***

La distinction entre infinitifs en [e] et infinitifs en [R] est utile pour la formation du futur, du conditionnel, du participe passé et du passé simple.
(A l'exception des 6 premiers verbes)

Les verbes en [R] sont en **gras** dans le tableau des formes de base.

PRÉSENT de l'Indicatif

Les 6 « premiers verbes »

Être	je **suis**	nous **sommes**
	tu **es**	vous **êtes**
	il **est**	ils **sont**

Avoir	j' **ai**	nous **avons**
	tu **as**	vous **avez**
	il **a**	ils **ont**

Faire	je **fais**	nous **faisons**
	tu **fais**	vous **faites**
	il **fait**	ils **font**

Aller	je **vais**	nous **allons**
	tu **vas**	vous **allez**
	il **va**	ils **vont**

Dire	je **dis**	nous **disons**
	tu **dis**	vous **dites**
	il **dit**	ils **disent**

Savoir	je **sais**	nous **savons**
	tu **sais**	vous **savez**
	il **sait**	ils **savent**

Exercices, page 22

Pour en savoir plus

Les formes verbales des six verbes : ***être, avoir, faire, aller, dire et savoir***, ne s'obtiennent pas selon les procédures proposées ci-après pour tous les autres verbes.

Ces six verbes sont les plus fréquents de la langue française ; il convient de les mémoriser dès le début de l'apprentissage du français.

Dans les pages qui suivent, leurs formes particulières sont données pour chaque temps de la conjugaison.

PRÉSENT de l'Indicatif

Les autres verbes

Tous les autres verbes se conjuguent au présent à partir de leurs formes de base.

Exemple : verbe « boire ».

boire, bois, buvez, sont des formes de base du verbe « boire ».

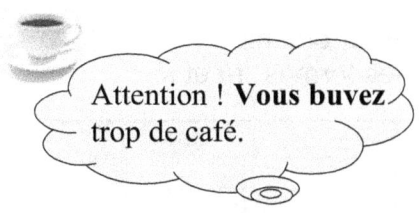

Attention ! **Vous buvez** trop de café.

Tableau des formes de base		
INFINITIF	PRÉSENT	
	je	vous
....	....	....
boire	bois	buvez
....	....	....

Les formes de base **je** et **vous** permettent d'obtenir toutes les formes du Présent selon les procédures qui suivent.

Présent
de l'Indicatif

je	**bois**
tu	?
il	?
nous	?
vous	**buvez**
ils	?

Pour en savoir plus

Les formes *je* et *vous* ont été choisies comme formes de base pour deux raisons :
- elles contiennent des éléments essentiels à la formation d'autres formes de la conjugaison
- elles apparaissent fréquemment liées dans le langage parlé.
Par exemple :
   Vous parlez français ? - Oui, je parle français.
   Alors vous comprenez ? – Oui, je comprends !

PRÉSENT de l'Indicatif

Les formes *je, tu, il* ...

Pour obtenir les formes **tu** et **il**...

Tableau des formes de base		
INFINITIF	PRÉSENT	
	je	vous
....	....	....
boire	bois	buvez
....	....	....

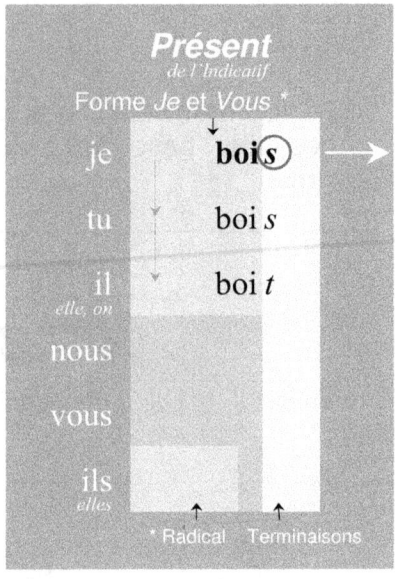

A l'oral

Prononcer les formes **tu** et **il** exactement comme la forme **je**.

À l'écrit

Écrire le radical de la forme **tu** et de la forme **il** comme le radical de la forme **je**. *

et ajouter les terminaisons.
(voir page suivante)

Pour en savoir plus

Les procédures de conjugaison du Présent sont valables pour tous les verbes. Le schéma ci-dessus permet de les synthétiser graphiquement afin de mieux les retenir.

Exceptions : Ces procédures ne s'appliquent pas aux « 6 premiers verbes » : être – avoir – aller – faire – dire – savoir.

* L'accent circonflexe des infinitifs en ...*aître* et ...*oître* se retrouve dans le radical de la forme *il*. Exemple : connaître —> il connaît.

PRÉSENT de l'Indicatif

... et leurs terminaisons

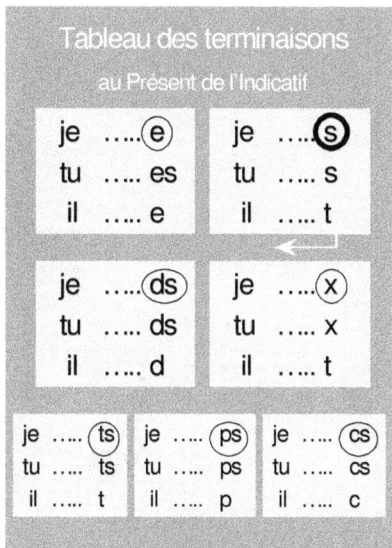

Tableau des terminaisons au Présent de l'Indicatif

je .....*e*	je .....*s*
tu ..... es	tu ..... s
il ..... e	il ..... t

je .....*ds*	je .....*x*
tu ..... ds	tu x
il ..... d	il ..... t

je .....*ts*	je .....*ps*	je .....*cs*
tu ..... ts	tu ..... ps	tu ..... cs
il ..... t	il ..... p	il c

À l'écrit

Observer le tableau des terminaisons :

Identifier la terminaison de la forme **je**...

et ajouter les terminaisons correspondantes aux formes **tu** et **il**.

A l'oral

Les terminaisons des formes **je, tu, il**, ne se prononcent pas.

Premiers exemples

J' écri*s*	Je veu*x*	Je compren*ds*	Je regard*e*
Tu écri*s*	Tu veu*x*	Tu compren*ds*	Tu regard*es*
Il écri*t*	Il veu*t*	Il compren*d*	Il regard*e*

Pour en savoir plus

Au présent, les lettres qui ne se prononcent pas à la fin de la forme **je** constituent sa terminaison.

Exemple : je boi*s* – je ba*ts* – je veu*x* – je chant*e* – j'atten*ds*.

Les terminaisons de la forme **je** sont en *italique* dans le tableau des formes de base.

Dans le cadre ci-dessus, les terminaisons sont présentées en ordre de fréquence d'usage, des plus fréquentes (..e) aux moins fréquentes (..ps, ..cs).

PRÉSENT de l'Indicatif

Les formes *nous, vous*...

Pour obtenir la forme **nous**...

A l'oral

Prononcer la forme **nous** comme la forme **vous** en remplaçant le son [e] (...*ez*) par le son [ŏ] (...*ons*).

Tableau des formes de base		
INFINITIF	PRÉSENT	
	je	vous
....	....	....
boire	bois	buvez
....	....	....

À l'écrit

Écrire le radical de la forme **nous** comme le radical de la forme **vous** et ajouter la terminaison ...*ons*.

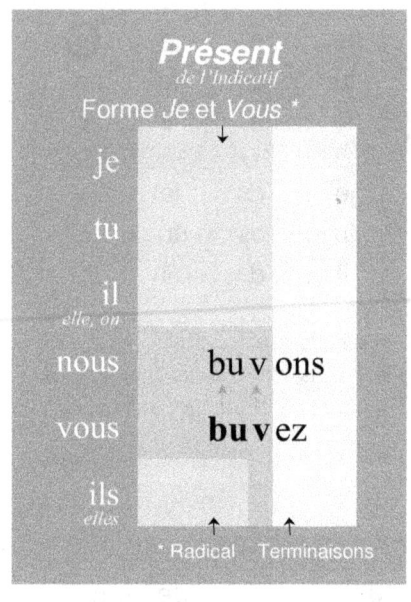

Présent de l'Indicatif
Forme *Je* et *Vous* *

je
tu
il elle, on
nous bu v ons
vous **bu v** ez
ils elles

* Radical   Terminaisons

Premiers exemples

nous **ven**ons   *nous* **voy**ons
vous **ven**ez   *vous* **voy**ez

nous **pens**ons *nous* **part**ons
vous **pens**ez *vous* **part**ez

Pour en savoir plus

Pour garder le même son, devant le *o* de la terminaison ...*ons*
  c devient ç
  g devient ge

Exemple :
avancez —> avan**ç**ons
mangez —> man**ge**ons

Attention aux verbes en ...*guer* ! C'est fati**g**ant. Nous fati**gu**ons.

52

PRÉSENT de l'Indicatif

... et la forme *ils*.

Pour obtenir la forme *ils*...

A l'oral

Prononcer la forme *ils* comme la forme *je* et faire entendre la consonne qui précède la terminaison [ez] de la forme **vous**. (Dans l'exemple : boi + v) ⟶

À l'écrit

Ajouter cette consonne au radical de la forme *je*, *sauf si elle est déjà entendue dans ce radical*, et ajouter la terminaison ...*ent* qui ne se prononce pas.

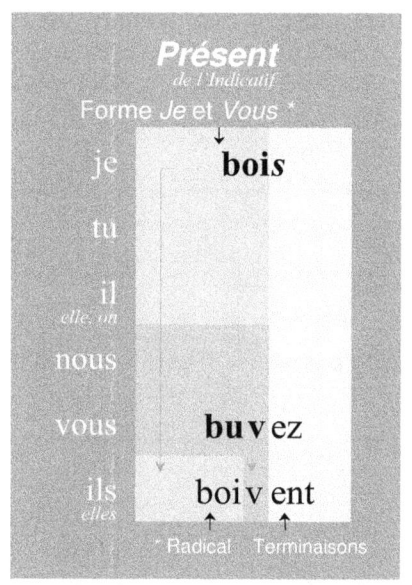

Premiers exemples			
Je **dor**s	Je **doi**s	Je **parl**e	Je **li**s
vous dor**m**ez	vous de**v**ez	vous parlez	vous li**s**ez
ils **dorm**ent	ils **doiv**ent	ils **parl**ent	ils **lis**ent

Pour en savoir plus

Plusieurs cas peuvent se présenter :
- La consonne n'est pas dans le radical de la forme *je*. *(il s'agit alors d'une « consonne nouvelle » , en gras dans le tableau des formes de base)*
   C'est le cas de : je bois – vous bu**v**ez – ils boi**v**ent
- Cette consonne est dans le radical de la forme *je*, donc déjà entendue.
   Par exemple : je chan**t**e – vous chan**t**ez – ils chan**t**ent
- On n'entend pas de consonne avant la terminaison ...ez.
   Par exemple : Je joue – vous jouez – ils jouent.
       Je crois – vous cro**y**ez – ils croient. *(y = semi-consonne)*
Pour certains verbes, des incidences phonétiques ou orthographiques sont signalées par «<», «x» ou «~». Voir notes des pages 95 et 97.

PRÉSENT de l'Indicatif

Résumé

Le tableau des formes de base et le tableau des terminaisons donnent les éléments nécessaires à la conjugaison d'un verbe au Présent.

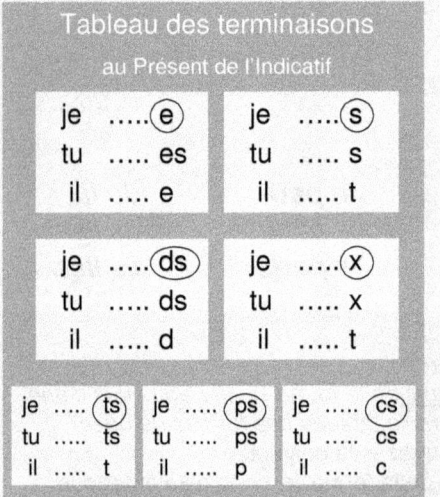

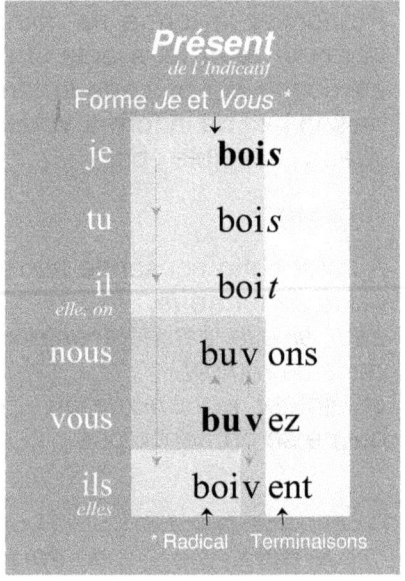

Non...

je **ne** bois **pas**

Exercices, page 84

Pour en savoir plus

Mémoriser tout d'abord les formes *Je* et *Vous* des 100 premiers verbes, pages 13 à 19.

PRÉSENT de l'Indicatif

Autres exemples

Tableau des formes de base			
INFINITIF	PRÉSENT		....
	je	vous	
chanter	chant*e*	chantez	
descendre	descen*ds*	descen<u>d</u>ez	
venir	vien*s*	ve<u>n</u>ez	
finir	fini*s*	fini<u>ss</u>ez	

Je **chant***e*
Tu **chant***es*
Il **chant***e*
Nous chantons
Vous chantez
Ils **chant***ent*

Je **descen***ds*
Tu **descen***ds*
Il **descen***d*
Nous descen**d**ons
Vous descen<u>d</u>ez
Ils **descen***d*<u>ent</u>

Je **vien***s*
Tu **vien***s*
Il **vien***t*
Nous ve<u>n</u>ons
Vous ve<u>n</u>ez
Ils **vien**<u>n</u>*ent*

Je **fini***s*
Tu **fini***s*
Il **fini***t*
Nous fini<u>ss</u>ons
Vous fini<u>ss</u>ez
Ils **fini**<u>ss</u>*ent*

Pour en savoir plus

Remarques sur les formes **ils** :

  Chanter : le **t** de chan<u>t</u>ez est déjà entendu dans le radical **je**. Il ne s'ajoute pas dans la forme **ils.**

  Venir : « **vien**s » contient une voyelle nasale, **ien**, mais pas de son **n**. Le **n** de « ve**n**ez », qui n'est pas entendu dans le radical « **vien**.... », s'ajoute donc dans la forme **ils**. La voyelle nasale **ien** de « **vien**nent » s'ouvre alors comme dans « canadien - canadienne, chien – chienne».

  Rappel : Au présent, les règles de formation orale s'appliquent **avant** les règles de formation écrite.

IMPÉRATIF

Comme au présent

A l'oral et **à l´écrit** :

Comme pour le présent, on forme l'impératif à partir des formes de base *je* et *vous*.

Si vous conduisez, **ne buvez pas !**

Tableau des formes de base		
INFINITIF	PRÉSENT	
	je	vous
....	....	....
boire	bois	buvez
....	....	....

L'impératif n'a que trois formes.

Impératif

Forme *Je* et *Vous*

bois !

buv**ons** !

buv**ez** !

Non...

ne bois **pas** !

Pour en savoir plus

Ajouter un s, si nécessaire, à la première forme quand elle est suivie des pronoms « en » ou « y ». Exemples :

Va chercher ! - Va**s**-y !
Donne-le ! - Donne**s**-en !
Prends-le ! - Prend**s**-en !

IMPÉRATIF

Autres exemples

Tableau des formes de base

INFINITIF	PRÉSENT		....
	je	vous	
entrer	entr*e*	entr*ez*	
écrire	écri*s*	écri<u>v</u>ez	
(se) lever	*lèv*e	*lev*ez	
attendre	atten*ds*	atten<u>d</u>ez	

entr*e* !	**écris** !	lève-toi !	**attends** !
entr*ons* !	écri<u>v</u>ons !	levons-nous !	atten<u>d</u>ons !
entr*ez* !	écri<u>v</u>ez !	levez-vous !	atten<u>d</u>ez !

Formes particulières

Impératif des 6 premiers verbes

être	**sois**	**soyons**	**soyez**
avoir	**aie**	**ayons**	**ayez**
faire	**fais**	**faisons**	**faites**
aller	**va**	**allons**	**allez**
dire	**dis**	**disons**	**dites**
savoir	**sache**	**sachons**	**sachez**

Autres formes particulières

vouloir	**veuille**	**voulons**	**veuillez**
pouvoir	*« pouvoir » n'a pas d'impératif*		

PARTICIPE PRÉSENT

A partir de la forme de base *vous*

<u>A l'oral</u> et <u>à l'écrit</u> : on forme le Participe Présent à partir de la forme **vous**, en remplaçant la terminaison **..ez** par la terminaison **...ant**.

Exemple : verbe « boire ».

Un parachutiste se tue **en s'écrasant** sur une école, **blessant** deux enfants.

Tableau des formes de base		
INFINITIF	PRÉSENT	
	je	vous
....	....	....
boire	bois	buvez
....	....	....

Participe présent

Forme *Vous* *

bu v ant

* Radical de la forme *Vous*

Non...

ne buvant **pas**

La terminaison **...ant** est valable pour tous les verbes.

Pour en savoir plus

Pour garder le même son, devant le *a* de la terminaison ...ant
   c devient ç
   g devient ge

Exemple :
avancez —> avan**ç**ant
mangez —> man**ge**ant

Attention aux verbes en ..*guer* et ..*quer* !
Ex. : *Un navi***gateur***. En navi***guant*** ... - Un mot provo***cant***. En provo***quant***...

Le participe présent précédé de **en** forme le ***gérondif***.
Ex. : *Parler* **en mangeant**.

PARTICIPE PRÉSENT

Autres exemples

Tableau des formes de base			
INFINITIF	**PRÉSENT**		....
	je	vous	
dormir	dor*s*	dor**m**ez	
finir	fini*s*	fini**ss**ez	
entrer	entre	entrez	
croire	croi*s*	croyez	

| dor**m** *ant* | fini**ss** *ant* | entr *ant* | croy *ant* |

Formes particulières

Participe Présent des 6 premiers verbes	
être	**étant**
avoir	**ayant**
faire	**faisant**
aller	**allant**
dire	**disant**
savoir	**sachant**

FUTUR

A partir du Présent...

Verbes en [e]

On forme le futur des verbes en **...er** à partir de la forme **je** du présent...

Tableau des formes de base		
INFINITIF	PRÉSENT	
	je	vous
....	....	....
appeler	*appelle*	appelez
....	....	....

(à l'exception des verbes mentionnés à la page 65)

A l'oral

Prononcer la forme **je** du Présent et ajouter les terminaisons **rai – ras – ra – rons – rez – ront.**

Exemple : j'appelle + rai

A l'oral on distingue seulement 3 terminaisons : [Re] rai – rez
　　　　　　　　　　　　[Ra] ras – ra
　　　　　　　　　　　　[Rõ] rons – ront

À l'écrit

Écrire la forme **je** du Présent et ajouter les terminaisons du futur.

Quand **j'aurai** de l'argent **j'achèterai** un voiture.

Verbes en ...er	Futur
	Forme *Je* ↓
j'	**appelle** rai
tu	**appelle** ras
il *elle, on*	**appelle** ra
nous	**appelle** rons
vous	**appelle** rez
ils *elles*	**appelle** ront

Non...

je **n'**appellerai **pas**

FUTUR

...ou de l'Infinitif

Verbes en [R]

On forme le futur des verbes en ...r ou ...re à partir de l'infinitif.

Tableau des formes de base		
INFINITIF	PRÉSENT	
	je	vous
....	....	....
partir	par*s*	partez
....	....	....

(à l'exception des verbes mentionnés à la page 65)

A l'oral

Prononcer l'Infinitif et faire entendre les terminaisons **rai – ras – ra – rons – rez – ront**.

Exemple : je partir + rai
(sans doubler le R)

À l'écrit

Écrire l'Infinitif, sans sa terminaison ..r ou ...re, et ajouter les terminaisons du futur.

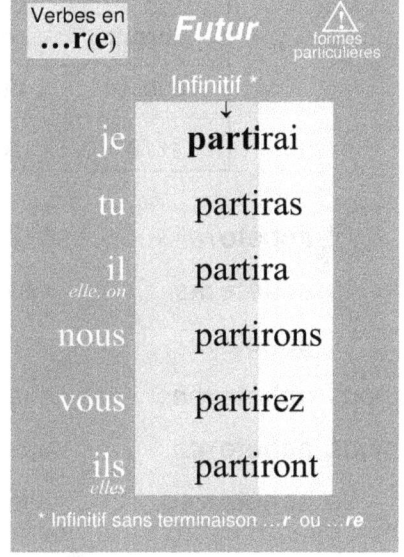

Verbes en ...r(e)	*Futur* formes particulières
Infinitif * ↓	
je	**part**irai
tu	partiras
il *elle, on*	partira
nous	partirons
vous	partirez
ils *elles*	partiront

* Infinitif sans terminaison ...r ou ...re

Pour en savoir plus

Les terminaisons **rai – ras – ra – rons – rez – ront** sont valables pour tous les verbes.
Les verbes comme « céder » peuvent également former le futur à partir du présent. Ex. : *je cède + rai* (Réforme orthographique, 1976)

FUTUR

Autres exemples

INFINITIF	PRÉSENT		...
	je	vous	
acheter	achète	achetez	
attendre	atten*ds*	atten*d*ez	
payer	paie	payez	
dormir	dors	dor*m*ez	
oublier	oublie	oubliez	
jeter	jette	jetez	

Tableau des formes de base

j' **achète**rai	j' **attend**rai	je **paie**rai
tu **achète**ras	tu **attend**ras	tu **paie**ras
il **achète**ra	il **attend**ra	il **paie**ra
nous **achète**rons	nous **attend**rons	nous **paie**rons
vous **achète**rez	vous **attend**rez	vous **paie**rez
ils **achète**ront	ils **attend**ront	ils **paie**ront
je **dormi**rai	j' **oublie**rai	je **jette**rai
tu **dormi**ras	tu **oublie**ras	tu **jette**ras
il **dormi**ra	il **oublie**ra	il **jette**ra
nous **dormi**rons	nous **oublie**rons	nous **jette**rons
vous **dormi**rez	vous **oublie**rez	vous **jette**rez
ils **dormi**ront	ils **oublie**ront	ils **jette**ront

FUTUR

Formes particulières

Futur des 6 premiers verbes

être	**je serai**
avoir	**j' aurai**
faire	**je ferai**
aller	**j' irai**
dire	**je dirai**
savoir	**je saurai**

Autres formes particulières

acquérir	**j' acquerrai**	mouvoir	**je mouvrai**
apercevoir	**j'apercevrai**	percevoir	**je percevrai**
asseoir	**j' assoirai**	pleuvoir	*il* **pleuvra**
courir	**je courrai**	pouvoir	**je pourrai**
cueillir	**je cueillerai**	recevoir	**je recevrai**
décevoir	**je décevrai**	tenir	**je tiendrai**
devoir	**je devrai**	valoir	**je vaudrai**
envoyer	**j' enverrai**	venir	**je viendrai**
falloir	*il* **faudra**	voir	**je verrai**
mourir	**je mourrai**	vouloir	**je voudrai**

Et les composés de ces verbes : tenir / retenir - venir / devenir...

Les formes particulières du futur sont données à la forme *je*. Elles permettent d'obtenir toutes les autres formes du futur.

Pour en savoir plus

Formes particulières de verbes plus rares :
Choir : il cherra – Saillir : il saillera – Seoir : il siéra

CONDITIONNEL Présent

A partir du Futur

On forme le conditionnel à partir des formes du futur.

Exemple, verbe « venir ».

Si j'étais malade, **tu viendrais** me voir j'espère.

Futur : je **viend**rai
   └──→

A l´écrit :

Remplacer les terminaisons du futur par les terminaisons *rais – rais - rait – rions – riez – raient.*

Ces terminaisons sont valables pour tous les verbes.

A l'oral :

On distingue seulement trois terminaisons :

[Rɛ] rais – rais – rait – raient
[Riõ] rions
[Rie] riez

Conditionnel
Présent

Futur *	
je	viendrais
tu	viendrais
il *elle, on*	viendrait
nous	viendrions
vous	viendriez
ils *elles*	viendraient

* Futur sans terminaison ...*rai*

Non...

je **ne** viendrais **pas**

Pour en savoir plus

Rappel : Le futur est formé...
pour les verbes en ***...er*** par la forme *je* du Présent
pour les verbes en ***...r(e)*** par l'infinitif sans la terminaison *r* ou *re*.
(sauf pour les formes particulières du futur, comme venir – je viendrai)

CONDITIONNEL Présent

Autres exemples

acheter

j' **achète**rai

j' **achète** *rais*
tu **achète** *rais*
il **achète** *rait*
nous **achète** *rions*
vous **achète** *riez*
ils **achète** *raient*

partir

je **parti**rai

je **parti** *rais*
tu **parti** *rais*
il **parti** *rait*
nous **parti** *rions*
vous **parti** *riez*
ils **parti** *raient*

mourir
(forme particulière)

je **mour**rai

je **mour** *rais*
tu **mour** *rais*
il **mour** *rait*
nous **mour** *rions*
vous **mour** *riez*
ils **mour** *raient*

parler

je **parle**rai

je **parle** *rais*
tu **parle** *rais*
il **parle** *rait*
nous **parle** *rions*
vous **parle** *riez*
ils **parle** *raient*

pouvoir
(forme particulière)

je **pour**rai

je **pour** *rais*
tu **pour** *rais*
il **pour** *rait*
nous **pour** *rions*
vous **pour** *riez*
ils **pour** *raient*

jeter

je **jette**rai

je **jette** *rais*
tu **jette** *rais*
il **jette** *rait*
nous **jette** *rions*
vous **jette** *riez*
ils **jette** *raient*

SUBJONCTIF Présent

A partir des formes de base *je* et *vous*

On forme le Subjonctif à partir des formes **je** et **vous** du présent de l'indicatif.

Tableau des formes de base		
INFINITIF	PRÉSENT	
	je	vous
....	....	....
boire	bois	buvez
....	....	....

> Il fait très chaud. Il faut **que tu boives** davantage.

Subjonctif *Présent* — formes particulières

Forme *Je* et *Vous* *

que je	**boi**v e
que tu	**boi**v es
qu' il	**boi**v e
que nous	**bu**v ions
que vous	**bu**v iez
qu' ils	**boi**v ent

* Radical des formes *Je* et *Vous*

Formes *je, tu, il et ils.*

<u>A l'oral</u> : Prononcer le radical de la forme **je** du présent et faire entendre la consonne qui précède la terminaison **...ez** de la forme **vous**.
   Exemple : boi + v ...

<u>A l'écrit</u> : Au radical de la forme **je**, ajouter cette consonne et les terminaisons **e – es – e – ent**.
Ces terminaisons ne se prononcent pas.

Formes *nous* et *vous*.

<u>A l'oral</u> et <u>à l'écrit</u> : Remplacer la terminaison **...ez** de la forme **vous** du présent par les terminaisons **...ions** et **...iez**.

Non...

que je **ne** boive **pas**

Pour en savoir plus

Les terminaisons **e, es, e, ions, iez, ent** sont valables pour tous les verbes. *Sauf pour les verbes être et avoir.*

SUBJONCTIF Présent

Autres exemples

Tableau des formes de base			
INFINITIF	PRÉSENT		....
	je	vous	
battre	ba*ts*	ba**tt**ez	
recevoir	reçois	rece**v**ez	
croire	crois	croyez	
étudier	étudi*e*	étudiez	

que je **batt**e	
que tu **batt**es	
qu' il **batt**e	
que ns **batt** ions	
que vs **batt** iez	
qu'ils **batt** ent	

que je **reçoiv** e	que je **croi** e	que j' **étudi** e
que tu **reçoiv** es	que tu **croi** es	que tu **étudi** es
qu' il **reçoiv** e	qu' il **croi** e	qu' il **étudi** e
que ns rece**v** ions	que ns croy ions	que ns étudi ions
que vs rece**v** iez	que vs croy iez	que vs étudi iez
qu'ils **reçoiv** ent	qu'ils **croi** ent	qu'ils **étudi** ent

Formes particulières

Subjonctif Présent des 6 premiers verbes		
	que je	que vous
être	**sois** (1)	**soyez**
avoir	**aie** (2)	**ayez**
faire	**fasse**	**fass**iez
aller	**aille**	**all**iez
dire	**dise**	**dis**iez
savoir	**sache**	**sach**iez

Autres formes particulières		
	que je	que vous
pouvoir	**puiss**e	**puiss**iez
valoir	**vaill**e	**val**iez
vouloir	**veuill**e	**voul**iez
falloir	*qu'il* **faill**e	

(1) *que* je sois – tu sois – il soit – nous soyons – vous soyez – ils soient.
(2) *que* j'aie – tu aies – il ait – nous ayons – vous ayez – ils aient

IMPARFAIT de l'Indicatif

A partir de la forme de base *vous*

On forme l'imparfait de l'Indicatif à partir de la forme **vous** du présent de l'indicatif.

Tableau des formes de base		
INFINITIF	PRÉSENT	
	je	vous
....	....	....
boire	bois	buvez
....	....	....

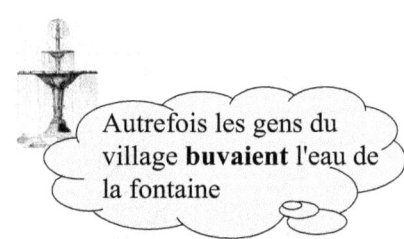

Autrefois les gens du village **buvaient** l'eau de la fontaine

À l´écrit : remplacer la terminaison ***...ez*** de la forme ***vous*** du présent par les terminaisons : *ais – ais – ait – ions – iez – aient*.

Ces terminaisons sont valables pour tous les verbes.

A l'oral : on distingue seulement trois terminaisons :

[ε] ais – ais – ait – aient
[iõ] ions
[ie] iez

Imparfait
de l'Indicatif
Forme *Vous* *

je	buv ais
tu	buv ais
il elle, on	buv ait
nous	buv ions
vous	**buv**iez
ils elles	buv aient

* Radical de la forme *Vous*

Non...

je **ne** buvais **pas**

Pour en savoir plus

Pour garder le même son, devant le *a* des terminaisons *...ais, ais, ait*
  c devient ç
  g devient ge

Exemple :
avancez —> avançais
mangez —> mangeais

Attention aux verbes en *...guer* ! *Le personnel navigant. Je naviguais.*

IMPARFAIT de l'Indicatif

Autres exemples

Tableau des formes de base			
INFINITIF	PRÉSENT		....
	je	vous	
dormir	dors	dor<u>m</u>ez	
voir	vois	voyez	
finir	finis	fini**ss**ez	
crier	crie	criez	

je **dorm**ais
tu **dorm**ais
il **dorm**ait
nous **dorm**ions
vous **dorm**iez
ils **dorm**aient

je **voy**ais
tu **voy**ais
il **voy**ait
nous **voy**ions
vous **voy**iez
ils **voy**aient

je **finiss**ais
tu **finiss**ais
il **finiss**ait
nous **finiss**ions
vous **finiss**iez
ils **finiss**aient

je **cri**ais
tu **cri**ais
il **cri**ait
nous **cri**ions
vous **cri**iez
ils **cri**aient

Formes particulières

Imparfait de l'Indicatif des 6 premiers verbes	
être	**j'étais**
avoir	**j'avais**
faire	**je faisais**
aller	**j'allais**
dire	**je disais**
savoir	**je savais**

PARTICIPE PASSÉ

En un mot

Verbes en ..er.

A l'écrit : on forme le participe passé des verbes en ...er, en remplaçant la terminaison ...er par ...é.

A l'oral : le participe passé se prononce exactement comme l'infinitif.

Verbes en ..r ou ..re

A l'écrit : Le participe passé des verbes en ..r ou ...re est une **forme particulière** qui figure dans le tableau des formes de base.

A l'oral : On distingue deux terminaisons principales :

[i]   *i – is – it*

[y]   *u*

Ont des terminaisons plus rares différentes de *é - i – u* :
couvert – éteint – fait – joint – mort – ouvert – offert – peint – plaint – souffert...

C'est une chanteuse très **connue** et très **appréciée** au Canada.

Verbes en ...er *Participe passé*

Infinitif*
écout é
aim é
demand é
oubli é

* Infinitif sans terminaison ...er

Verbes en ...r(e) *Participe passé*

terminaisons
...... i
...... is
...... it
...... u

Pour en savoir plus

Seuls les participes passés des verbes en ...r(e) figurent dans le tableau des formes de base.
Attention ! « inclus » a toujours un s, même au singulier ;   Ficher —> fichu

PARTICIPE PASSÉ

Autres exemples

Tableau des formes de base

INFINITIF	PRÉSENT		PARTICIPE PASSÉ
	je	vous	
lire	lis	li**s**ez	lu
chanter	chante	chantez	...
conduire	conduis	condui**s**ez	conduit
partir	pars	par**t**ez	parti
envoyer	*envoie*	envoyez	...

⟶ *chant**é***

⟶ *envoy**é***

Formes particulières

Participe Passé des 6 premiers verbes

être	**été**
avoir	**eu**
faire	**fait**
aller	**allé**
dire	**dit**
savoir	**su**

Passé Composé des 6 premiers verbes

être	**j'ai été**
avoir	**j'ai eu**
faire	**j'ai fait**
aller	**je suis allé**
dire	**j'ai dit**
savoir	**j'ai su**

Voir page suivante

PASSÉ COMPOSÉ

En deux mots

Le passé composé est formé de deux mots :

- <u>un auxiliaire</u> : les formes du présent du verbe ***être*** ou ***avoir***

- <u>et le participe passé</u> du verbe conjugué

Le participe passé d'un verbe en ***..r*** ou ***..re*** est une forme particulière.

(voir page précédente)

Le voleur **est entré** par la fenêtre et **a emporté** tous les bijoux.

Passé composé

Être ou Avoir — participe passé

j'	ai	compris
tu	es	arrivé
il	est	venu
nous	avons	travaillé
vous	êtes	sortis
ils	ont	répondu

Tableau des formes de base			
INFINITIF	PRÉSENT		PARTICIPE PASSÉ
	je	vous	
comprendre	compren*ds*	compre*n*ez	compris
arriver	arriv*e*	arriv*ez*	...
venir	vien*s*	ve*n*ez	venu
travailler	travaill*e*	travaill*ez*	...
sortir	sor*s*	sor*t*ez	sorti
répondre	répon*ds*	répon*d*ez	répondu

Non...

je **n'**ai **pas** compris
vous **n'**êtes **pas** sortis
je **ne** me suis **pas** levé

Pour en savoir plus

Dans certains cas, le participe passé s'accorde. Exemples :

*il est parti – ils sont parti**s** - elle est parti**e** – elles sont parti**es**
Tu as v**u** Marie ? Non, je ne l'ai pas v**ue**. Elle n'est pas encore arrivé**e**.*

PASSÉ COMPOSÉ

Avec *être* ou *avoir*

Avec certains verbes de mouvement : ÊTRE (1)

je	suis	allé
tu	es	tombé
il	est	venu
nous	sommes	passés
vous	êtes	entrés
ils	sont	sortis

(1) *aller, arriver, partir, entrer, rentrer, sortir, descendre, monter, tomber, aller, venir, passer, retourner.*
Se conjuguent également avec être : *rester, naître, mourir, échoir...*

Avec les verbes pronominaux (se réveiller, se lever…) : ÊTRE

je	me suis	réveillé
tu	t'es	levé
il	s'est	regardé
nous	nous sommes	lavés
vous	vous êtes	habillés
ils	se sont	vus

Avec tous les autres verbes : AVOIR

j'	ai	couru
tu	as	voulu
il	a	répondu
nous	avons	appris
vous	avez	parlé
ils	ont	dit

Pour en savoir plus

Attention !
« *Je suis sorti* du garage. »
« *J'ai sorti* la voiture du garage. »

AUTRES TEMPS COMPOSÉS

Comme le passé composé

Les temps composés sont formés d'un auxiliaire et d'un participe passé.

Le même auxiliaire, *être* ou *avoir*, utilisé au passé composé est utilisé dans les autres temps composés d'un verbe.

*Bien avant mon arrivée le voleur **avait mis** le feu et **s'était enfui**.*

*Je ne pense pas qu'il **ait commis** ce crime par vengeance.*

Plus-que-parfait

	Être ou Avoir	participe passé
j'	avais	couru
tu	étais	tombé
il	s'était	promené
nous	avions	écrit
vous	étiez	sortis
ils	avaient	répondu

Subjonctif passé

	Être ou Avoir	participe passé
que j'	aie	couru
que tu	sois	tombé
qu'il	se soit	promené
que nous	ayons	écrit
que vous	soyez	sortis
qu'ils	aient	répondu

AUTRES TEMPS COMPOSÉS

Le même auxiliaire *être* ou *avoir*

La police interrogera le coupable quand elle **l'aura retrouvé**.

Si le gardien ne s'était pas endormi, les pompiers **seraient arrivés** à temps.

Futur antérieur

Être ou Avoir	participe passé
j' aurai	couru
tu seras	tombé
il se sera	promené
nous aurons	écrit
vous serez	sortis
ils auront	répondu

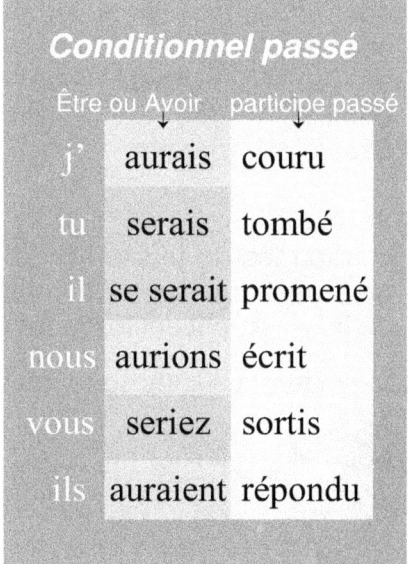

Après **avoir lu** le mode d'emploi, il a finalement réussi à mettre son téléviseur en marche.

Ayant appris que sa femme s'était réfugiée dans un magasin à cause de la pluie, il est vite parti la chercher.

Infinitif passé

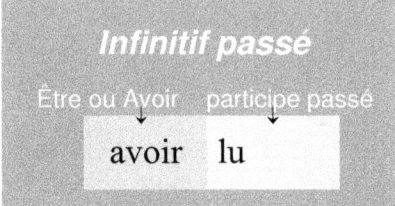

Participe passé (2è forme)

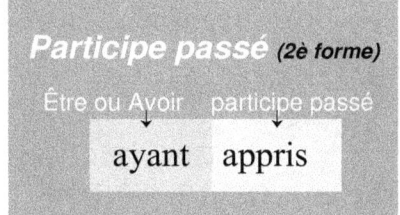

PASSÉ SIMPLE

Le passé de la langue écrite

Verbes en ...er
Les formes du passé simple des verbes en ...er s'obtiennent en remplaçant la terminaison ...er de l'infinitif par :
ai – as – a – âmes – âtes – èrent.
Exemple : regard**er**

> Quand le père Goriot <u>parut</u> pour la première fois sans être poudré, son hôtesse <u>laissa</u> échapper une exclamation de surprise en voyant la couleur de ses cheveux : ils étaient d'un gras sale et verdâtre.　*Balzac*

Verbes en ...r(e)
Les formes du passé simple des verbes en ...r(e) sont des **formes particulières**. A partir de la forme *je* du tableau des formes de base, on obtient les autres formes de ce temps.

Leurs terminaisons se répartissent en 3 séries : *is – us – ins.*

Verbes en ...er	*Passé Simple*
	Infinitif *
je	regard ai
tu	regard as
il (elle, on)	regard a
nous	regard âmes
vous	regard âtes
ils (elles)	regard èrent

* Infinitif sans terminaison ... *er*

Verbes en ...r(e)	*Passé Simple*		
	Terminaisons *		
je	..is	..us	..ins
tu	..is	..us	..ins
il	..it	..ut	..int
nous	..îmes	..ûmes	..înmes
vous	..îtes	..ûtes	..întes
ils	..irent	..urent	..inrent

* Selon la forme *Je* du passé simple

PASSÉ SIMPLE

Autres exemples

Tableau des formes de base				
INFINITIF	PRÉSENT		...	PASSÉ SIMPLE
	je	vous		
demander	demande	demandez		...
entendre	enten*ds*	enten*dez*		entendis
courir	cour*s*	cour*ez*		courus
revenir	revien*s*	reven*ez*		revins

je **demand** *ai*
tu **demand** *as*
il **demand** *a*
nous **demand** *âmes*
vous **demand** *âtes*
ils **demand** *èrent*

j' **entend** *is*
tu **entend** *is*
il **entend** *it*
nous **entend** *îmes*
vous **entend** *îtes*
ils **entend** *irent*

je **cour** *us*
tu **cour** *us*
il **cour** *ut*
nous **cour** *ûmes*
vous **cour** *ûtes*
ils **cour** *urent*

je **rev** *ins*
tu **rev** *ins*
il **rev** *int*
nous **rev** *înmes*
vous **rev** *întes*
ils **rev** *inrent*

Formes particulières

Passé Simple des 6 premiers verbes

être	**je fus**	aller	**j'allai**
avoir	**j'eus**	dire	**je dis**
faire	**je fis**	savoir	**je sus**

Pour en savoir plus

Seules les formes du passé simple des verbes en **...r(e)** figurent dans le tableau des formes de base.
Le Passé Simple est utilisé presque exclusivement dans la langue écrite. Les formes *je, il, ils,* sont les plus fréquemment employées.

SUBJONCTIF IMPARFAIT

Le temps du beau langage

> Quand je vivais en France, je ne pouvais rencontrer un homme d'esprit sans qu'aussitôt j'en <u>fisse</u> ma société. Ah ! je vois que vous bronchez sur cet imparfait du subjonctif. J'avoue ma faiblesse pour ce mode, et pour le beau langage en général.
>
> *Albert Camus*

Le passé simple fournit le radical du subjonctif imparfait pour tous les verbes.

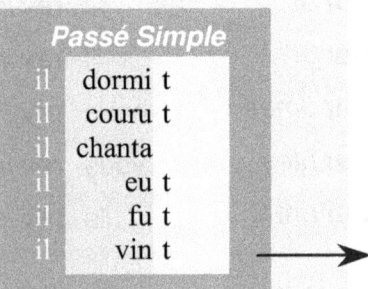

Passé Simple

il	dormi t
il	couru t
il	chanta
il	eu t
il	fu t
il	vin t

Une seule série de terminaisons caractérise le subjonctif imparfait :
- ...sse
- ...sses
- ...^t
- ...ssions
- ...ssiez
- ...ssent

Subjonctif Imparfait

Passé simple *

que je	dormi sse
que tu	couru sses
qu' il	chantâ t
que nous	eu ssions
que vous	fu ssiez
qu' ils	vin ssent

* Forme *il* sans ..t final

Pour en savoir plus
Pas d'accent circonflexe sur le *i* des verbes haïr et ouïr : *qu'il haït – qu'il ouït*

SUBJONCTIF IMPARFAIT

Autres exemples

Parler :
je parlai – il **parla**

que je   parla*sse*
que tu   parla*sses*
qu' il   parlâ*t*
que nous   parla*ssions*
que vous   parla*ssiez*
qu'ils   parla*ssent*

Répondre :
je répondis – il **répondi**t

que je   répondi*sse*
que tu   répondi*sses*
qu' il   répondî*t*
que nous   répondi*ssions*
que vous   répondi*ssiez*
qu'ils   répondi*ssent*

Courir :
je courus – il **couru**t

que je   couru*sse*
que tu   couru*sses*
qu' il   courû*t*
que nous   couru*ssions*
que vous   couru*ssiez*
qu'ils   couru*ssent*

Venir :
je vins – il **vin**t

que je   vin*sse*
que tu   vin*sses*
qu' il   vîn*t*
que nous   vin*ssions*
que vous   vin*ssiez*
qu'ils   vin*ssent*

Formes particulières

Subjonctif Imparfait des 6 premiers verbes			
être	**que je fusse**	aller	**que j'allasse**
avoir	**que j'eusse**	dire	**que je disse**
faire	**que je fisse**	savoir	**que je susse**

TEMPS COMPOSÉS DE LA LANGUE ÉCRITE

Le passé simple et le subjonctif imparfait forment aussi des temps composés.

PASSÉ ANTÉRIEUR

Mendibru emplissait sa charrette. Quand <u>il eut fini,</u> il remonta le chemin creux.

Georges Duhamel

SUBJONCTIF PLUS-QUE-PARFAIT

Il semblait <u>qu'ils se fussent</u> tous deux <u>donnés</u> le mot et <u>eussent résolu</u>, par leur défection à ce rendez-vous solennel, de jeter l'ombre sur ma joie.

André Gide

CONDITIONNEL PASSÉ 2ème FORME

Et nous découvrions, une fois sauvés, qu'aucune direction ne nous <u>eût permis</u> de revenir, car vers le nord, trop épuisés, <u>nous n'eussions pas</u> <u>non plus atteint</u> la mer.

Saint-Exupéry

Exercices

EXERCICES

Infinitif

EXERCICES ORAUX

(A faire avec le professeur ou un compagnon d'études. Écouter, tout en regardant l'exemple ou la consigne, et répondre oralement (sans écrire). Transcription complète des exercices oraux, p. 147)

39. Ecoutez et répétez en ajoutant le son [e]. (Attention à l'accent tonique sur la dernière syllabe).

Exemple :   Vous entendez : regarde
            Vous répétez : regarde - regarder
....

40. Même exercice.
....

41. Ecoutez et répétez en ajoutant le son [R].

Exemple :   Vous entendez : fait
            Vous répétez : fait - faire

42. Même exercice.
....

43. Répondez comme dans l'exemple, en terminant par le son [R].

Exemple :   Vous entendez : Tu comprends
            Vous répondez : Tu dois comprendre.
....

44. Même exercice. (son [e])
....

EXERCICES

Infinitif

EXERCICES ÉCRITS

45. Complétez les infinitifs avec les terminaisons : r, re, ou er.

1. Je vais parl........... au directeur.
2. Je vais lui présent...... mon plan.
3. Tu vas veni......... avec moi.
4. Tu vas mett...... une cravate.
5. Tu vas le connaît..........
6. Tu vas m'attend.......
7. Je vais lui demand....... de l'argent.
8. Il ne va pas vouloi........

46. Transformez comme dans l'exemple.

Exemple : Je ne sors pas.
Mais il faut sortir !

1. Je n'attends pas. ....
2. Je ne réponds pas. ....
3. Je ne parle pas. ....
4. Je n'écoute pas. ....
5. Je n'écris pas. ....
6. Je ne travaille pas. ....
7. Je ne bois pas. ....
8. Je ne veux pas. ....

EXERCICES

Présent – Formes je, tu, il

EXERCICES ORAUX

(A faire avec le professeur ou un compagnon d'études. Écouter, tout en regardant l'exemple ou la consigne, et répondre oralement (sans écrire). Transcription complète des exercices oraux, p. 148)

47. Écoutez et répétez aux formes je, tu et il.
(Remarquez les groupes de verbes)

Exemple :   Vous entendez : peux
              Vous répétez : je peux - tu peux - il peut
….

48. Écoutez et répétez en soignant les liaisons.

Exemple :   Vous entendez : écris
              Vous répétez : j'écris - tu écris - il écrit
….

49. Même exercice. (avec ou sans liaisons)
….

50. Retrouvez la forme je.
(Les groupes de verbes vont vous aider.)

Exemple :   Vous entendez : pouvoir
              Vous répétez : je peux
….

51. Retrouvez les formes je (verbes 1 à 30).

Exemple :   Vous entendez : savoir
              Vous répondez : je sais
….

EXERCICES

Présent – Formes je, tu, il

EXERCICES ÉCRITS

52. Identifiez la terminaison de la forme je et entourez-la. (lettres qui ne se prononcent pas.)

Exemple :   j' a t t e n ⓓ ⓢ

je p e u x	je p a r l e	je l i s
je r é p o n d s	je p a r s	je m e t s
j' é c r i s	je t r o u v e	j' e n t e n d s
j' a r r i v e	je s o r s	je c r o i s

53. Même exercice

je b o i s	je v i e n s	je v o i s
je d o i s	je c o n n a i s	j' o u v r e
je t i e n s	j' a p p r e n d s	je p e r d s
j' h a b i t e	j' a p p e l l e	je v e u x

54. Complétez les terminaisons.

je pars	je sors	Je veux	j'arrive	je vois
tu par.....	tu sor.....	tu veu.....	tu arriv.....	tu voi...
il par.....	il sor.....	il veu.....	il arriv.....	il voi...

55. Conjuguez les trois premières formes.

Je vois	j'entends	je parle
tu	tu	tu ....
il	il	il ....

EXERCICES

Présent – Formes je, tu, il

56. Conjuguez les trois premières formes.

Je crois   je sors   je veux
tu ....   tu ....   tu ....
il ....   il ....   il ....

57. Conjuguez les trois premières formes.

Je mets   je comprends   j'ouvre
tu ....   tu ....   tu ....
il ....   il ....   il ....

58. Complétez avec les verbes : vouloir - comprendre - avoir - être - aller

Je .... "punk" et j' .... seize ans. Je ne .... pas à l'école. Je n' .... pas de travail parce que j' .... les cheveux verts et roses. Ma mère ne me .... pas et elle ne .... pas me donner d'argent.

59. Complétez avec les verbes : habiter écrire - venir - avoir - être

Céline KAZÉ. Elle .... juste 16 ans mais c' .... déjà une vedette internationale. Elle .... en France mais elle .... du Canada. Elle . ... 12 frères et ils .... tous musiciens. Un de ses frères compose la musique et sa mère .... les paroles.

EXERCICES

Présent – Formes je, tu, il

60. Complétez avec les verbes : venir - aller - avoir - être

- Je .... au concert vendredi et j'.................. deux billets.
Tu .... avec moi ?
- Merci. Tu .... gentil. Mais je .... très fatigué en ce moment.

61. Complétez avec le même verbe.

Je connais Maria. Toi, tu .... José.
Tu veux danser. Moi, je .... dormir.
Je fais le gâteau. Lui, il .... le café.
Je sais parler français. Elle, elle .... parler russe.
Il vient de Paris. Toi, tu .... de Lisbonne.
Tu prends le métro. Moi, je ....le bus.

62. Complétez le dialogue avec les verbes suivants : présenter - avoir - être - habiter

- Je te .... Peter Morton.
- Salut ! Tu .... australien ?
- Non, je .... américain, de Floride.
- Tu .... à Miami ?
- Oui, c'est ça. Et toi, tu .... français ?
- Non, je .... suisse.

EXERCICES

Présent – Formes nous, vous, ils

EXERCICES ORAUX

(A faire avec le professeur ou un compagnon d'études. Transcription complète des exercices, p. 149)

63. Ecoutez et mettez à la forme nous.

Exemple :
Vous entendez : vous venez
Vous répondez : nous venons
....

64. Ecoutez et mettez à la forme ils, (en parlant de Pierre et Jean).

Exemple :
Vous entendez : vous finissez
Vous répondez : ils finissent
(il suffit de ne pas répéter le son « ez »
....

65. Même exercice. Ecoutez et mettez à la forme ils, (en parlant de Pierre et Jean).

Exemple :
Vous entendez : vous aimez
Vous répondez : ils aiment
(attention à la liaison : ils (z) »
....

66. Ecoutez et mettez à la forme ils, (en parlant de Pierre et Jean) en ajoutant le son « d ».

Exemple :
Vous entendez : je descends
Vous répétez : ils descendent
....

EXERCICES

Présent – Formes nous, vous, ils

67. Ecoutez et mettez à la forme elles, (en parlant de Julie et Marie) en ajoutant le son « z »

Exemple :
    Vous entendez : je conduis
    Vous répétez : elles conduisent
....

68. Ecoutez et mettez à la forme ils, (en parlant de Pierre et Jean) en ajoutant le son « ss »

Exemple :
    Vous entendez : je connais
    Vous répétez : ils connaissent
....

69. Ecoutez et mettez à la forme elles, (en parlant de Julie et Marie) en ajoutant le son « n »

Exemple :
    Vous entendez : je viens
    Vous répétez : elles viennent
(Attention ! avant le son « n », la voyelle s'ouvre, devient plus claire.)
....

70. Ecoutez et mettez à la forme ils, (en parlant de Pierre et Jean) en ajoutant le son « t »

Exemple :
    Vous entendez : je pars
    Vous répétez : ils partent
....

EXERCICES

Présent – Formes nous, vous, ils

71 Dites si vous entendez une consonne à la fin des formes suivantes. (*)

Exemple :
    Il voit   -> non
    Ils lisent   -> oui
    Il donne   -> oui
    Il entend   -> non
....

72. Comparez la forme je à la forme il(s) et dites si celle-ci se réfère à une personne ou à plusieurs personnes.
(dans ce cas on entend une consonne finale)

Exemple :
    Je viens – il vient   - une personne
    Je pars – ils partent   - plusieurs personnes

    1. ....   5. ....
    2. ....   6. ....
    3. ....   7. ....
    4. ....   8. ....

73. Même exercice. Comparez la forme je à la forme elle(s) et dites si celle-ci se réfère à une personne ou à plusieurs personnes.

Exemple :
    Je viens – elle vient   - une personne
    Je pars – elles partent   - plusieurs personnes

    1. ....   5. ....
    2. ....   6. ....
    3. ....   7. ....
    4. ....   8. ....

* On peut comparer les *voyelles* à de petites notes (a, i, ou...) - on peut les chanter - et les *consonnes* à de petits bruits (ff, chh, zz, d...) - on ne peut pas les chanter.

EXERCICES

Présent – Formes nous, vous, ils

74. *(Exercice facultatif) Comparez la forme je à la forme il(s) et dites si celle-ci se réfère à une personne, à plusieurs personnes ou si on ne peut pas savoir.*
(si on entend la même <u>consonne</u> à la fin des deux formes, on ne peut pas savoir)

Exemple :
    Je viens – il vient   - une personne
    Je pars – ils partent   - plusieurs personnes
    Je parle – il(s) parle(nt)   - on ne peut pas savoir

1. ....   5. ....
2. ....   6. ....
3. ....   7. ....
4. ....   8. ....

75. *(Exercice facultatif) Comparez la forme je et vous à la forme il(s) et dites si celle-ci se réfère à une personne ou si on ne peut pas savoir.*
(si on n'entend pas de <u>consonne</u> avant le son « ez », on ne peut pas savoir)

Exemple :
Je pars - vous partez – il part   -> une personne
Je salue - vous saluez – il(s) salue(nt)   -> on ne peut pas savoir
je crois – vous croyez – il(s) croit/croient -> on ne peut pas savoir

1. ....   5. ....
2. ....   6. ....
3. ....   7. ....
4. ....   8. ....

EXERCICES

Présent – Formes nous, vous, ils

EXERCICES ÉCRITS

76. Complétez la forme "ils"

j'écri**s**	vous	écri**v**ez
	ils	écri....ent
je répon**ds**	vous	répon**d**ez
	ils	répon....ent
je veu**x**	vous	vou**l**ez
	ils	veu....ent
je par**s**	vous	par**t**ez
	ils	par....ent
je pens**e**	vous	pensez
	ils	pens ent
je voi**s**	vous	voyez
	ils	voi ent

Réponses : écrivent - répondent - veulent - partent - pensent *(le "s", déjà entendu dans le radical, ne s´ajoute pas)* - voient *(le "y" de "voyez" ne représente pas une consonne).*

Lisez à haute voix les formes verbales de cet exercice.

77. Même exercice. Complétez la forme "ils"

je connai**s**	vous	connai**ss**ez
	ils	connai....ent

je doi**s**	vous	de**v**ez
	ils	doi....ent
je fini**s**	vous	fini**ss**ez
	ils	fini....ent
j'aim**e**	vous	aimez
	ils	aim ent
je vien**s**	vous	ve**n**ez
	ils	vien....ent
j'habit**e**	vous	habitez
	ils	habit ent

78. Retrouvez toutes les formes du présent des verbes suivants.

Exemple :
  boire - bois - bu**v**ez

Je boi**s**	nous	buv**ons**
tu boi**s**	vous	bu**v**ez
il boi**t**	ils	boi**vent**

Pouvoir

Je peu**x**	nous	....
tu	vous	pou**v**ez
il	ils	....

EXERCICES

Présent – Formes nous, vous, ils

Mettre

je me*ts*   nous ....

tu ....   vous me**tt**ez

il ....   ils ....

Devoir

je do*is*   nous ....

tu ....   vous de**v**ez

il ....   ils ....

Connaître

je connai*s*   nous ....

tu ....   vous connai**ss**ez

il ....   ils ....

Attendre

j' atten*ds*   nous ....

tu ....   vous atten**d**ez

il ....   ils ....

79. Même exercice.
Parler

je parl*e*   nous ....

tu ....   vous parlez

il ....   ils ....

Répondre

je répon*ds*   nous ....

tu ....   vous répon**d**ez

il ....   ils ....

Appeler

j' appell*e*   nous ....

tu ....   vous appelez

il ....   ils ....

Vouloir

Je veu*x*   nous ....

tu ....   vous vou**l**ez

il ....   ils ....

Dormir

Je dor*s*   nous ....

tu ....   vous dor**m**ez

il ....   ils ....

Ouvrir

J' ouvr*e*   nous ....

tu ....   vous ouvrez

il ....   ils ....

EXERCICES

Présent – Formes nous, vous, ils

80. Même exercice. Retrouvez toutes les formes du présent des verbes suivants.

Regarder

je regarde   nous ....
tu ....   vous regardez
il ....   ils ....

Lire

je lis   nous ....
tu ....   vous li**s**ez
il ....   ils ....

Écrire

j' écris   nous ....
tu ....   vous écri**v**ez
il ....   ils....................

Arriver

j' arrive   nous ....
tu ....   vous arrivez
il ....   ils ....

Partir

je pars   nous ....
tu ....   vous par**t**ez
il ....   ils....................

Sortir

je sors   nous ....
tu ....   vous sor**t**ez
il ....   ils ....

Offrir

j' offre   nous ....
tu ....   vous offrez
il ....   ils ....

Descendre

je descends   nous ....
tu ....   vous descen**d**ez
il ....   ils ....

Finir

je finis   nous ....
tu ....   vous fini**ss**ez
il ....   ils ....

EXERCICES

Présent – Formes nous, vous, ils

81. Retrouvez et lisez à voix haute toutes les formes du présent des verbes suivants.

Attention, phonétique variable !

A la forme ils les sons «en», «ien» et «eu» s'ouvrent (deviennent plus clairs).

Exemple : prendre

je pren*ds*   nous *prenons*
son «en»

tu *prends*   vous pre**n**ez

il *prend*   ils *pren***n***ent*
              son «è»

Venir

je viens   nous ....
<
tu .... vous ve**n**ez

il .... ils ....

Apprendre

j'apprends   nous ....
<
tu .... vous appre**n**ez

il .... ils ....

Comprendre

je comprend*s* nous ....
<
tu .... vous compre**n**ez

il .... ils ....

Vouloir

je veux   nous ....
<
tu .... vous vou**l**ez

il .... ils ....

Pouvoir

je peux   nous ....
<
tu .... vous pou**v**ez

il .... ils ....

Tenir

je tien*s*   nous ....
<
tu ....   vous te**n**ez

il .... ils ....

Le signe « < » indique qu'une voyelle « s'ouvre». Cette particularité est indiquée dans le tableau des formes de base. Elle est caractéristique de la phonétique du français. On retrouve également ce phénomène en dehors de la conjugaison : *canadien, canadienne – chien, chienne* .

EXERCICES

Présent – Formes nous, vous, ils

82. Complétez avec le même verbe.

Il <u>sort</u> le samedi soir, mais ses petites sœurs ne .... pas.

Je <u>réponds</u> immédiatement à mes mails. Mes amis ne me .... pas aussi vite.

Je <u>finis</u> mon travail à 5 heures. Mes collègues .... à 7 heures.

Mon fils <u>n'arrive</u> jamais en retard. Ses camarades non plus, ils .... toujours à l'heure.

Tu <u>peux</u> m'aider à faire mes devoirs. Mes frères ne .... pas ce soir.

Tu <u>dois</u> partir maintenant car tes parents .... être inquiets.

Je ne <u>connais</u> pas ce chanteur. Mes enfants le .... certainement.

Ce vieux monsieur <u>joue</u> aux cartes tous les samedis. Ses petits-enfants .... sur leur ordinateur tous les jours.

83. Réécrivez le texte en remplaçant « Mon ami Paul » par « Mes amis Tiago et Théo ».

Mon ami Paul est en 5ème année. Il habite près de chez moi. Le soir il fait ses devoirs avant le dîner. Ensuite il regarde un peu la télévision. Puis il met son pyjama, dit bonsoir à toute la famille et va se coucher. Il lit quelques pages d'une bande dessinée et dort très tôt. Le matin il se réveille en pleine forme.

Mes amis Tiago et Théo ...
...

EXERCICES

Présent – Formes nous, vous, ils

84. Orthographe variable.

*A la forme **ils** de quelques verbes, le radical de la forme **je** se modifie à l'oral et à l'écrit : la voyelle s'ouvre et une lettre disparaît.*

Observez et lisez à voix haute.

Je crains
   < x
– vous crai**gn**ez – ils craignent
(le son gn fait disparaître le n de crain..)

Je peins
   < x
– vous pei**gn**ez – ils peignent
(le son gn fait disparaître le n de pein..)

Je joins
   < x
– vous joi**gn**ez – ils joignent
(le son gn fait disparaître le n de join..)

Je vaux
   < x
– vous valez – ils valent
(le *l* fait disparaître le u de vau..)

Je résous
   < x
– vous réso**lv**ez – ils résolvent

85. Orthographe variable : Cas très particuliers

Observez et lisez.

J'acquiers
   ~
– vous acquérez – ils acquièrent
(accent grave pour transcrire le son «è»)

Je conquiers
   ~
– vous conquérez – ils conquièrent
(accent grave pour transcrire le son «è»)

Je croîs
   ~
– vous croi**ss**ez – ils croissent
(l'accent circonflexe disparaît)

Je hais
   ~
– vous haï**ss**ez – ils haïssent
(le ï de la forme *vous*, avec un tréma, se retrouve à la forme *ils* et se prononce)

Je bous

– vous bouillez – ils bouillent
(le son ill, bien que semi-consonne, se retrouve à la forme ils)

Le signe **X** indique qu'une lettre *disparaît*. Le signe ~ indique qu'une lettre *s'adapte*. Ces particularités sont indiquées dans le tableau des formes de base.

Formes de base des 1000 verbes particuliers

ET DES MILLIERS D'AUTRES VERBES

Au-delà des verbes particuliers, une règle simple

Pour obtenir les formes de base des verbes en ...er <u>absents</u> du tableau des verbes particuliers

remplacer ...*er* par ...*e* et ...*ez*

Exemples :

| convoqu**er** | je convoqu**e** | vous convoqu**ez** |

| film**er** | je film**e** | vous film**ez** |

A partir de cette règle simple, du tableau suivant et des procédures exposées précédemment, peut être obtenue la quasi totalité des formes verbales nécessaires en période d'apprentissage et de perfectionnement de la langue française.

Pour en savoir plus

Les verbes <u>absents</u> du tableau des 1000 verbes particuliers sont :

- Soit des **verbes rares** (comme : galéger, glatir, ...)

- Soit des **verbes composés** dont la forme courte peut être trouvée dans le tableau (rejeter = jeter, reverdir = verdir, ...)

- Soit des **verbes en ..*er* d'usage actuel** dont les formes *je* et *vous* du présent s'obtiennent selon la règle ci-dessus.

Critères de sélection détaillés des 1000 verbes particuliers, voir p. 143.

FORMES DE BASE

INFINITIF	PRÉSENT DE L'INDICATIF		PARTICIPE PASSÉ	FUTUR	SUB-JONCTIF	PASSÉ SIMPLE
	je	vous		je	que je	je
abasourdir	**abasourdi**s	abasourdi**ss**ez	abasourdi			*abasourdis*
abattre	**aba***ts*	aba**tt**ez	abattu			*abattis*
abêtir	**abêti**s	abêti**ss**ez	abêti			*abêtis*
abolir	**aboli**s	aboli**ss**ez	abêti			*abolis*
aboutir	**abouti**s	abouti**ss**ez	abêti			*aboutis*
aboyer	*aboie*	aboyez	abêti			
abréger	*abrège*	abrégez				
abrutir	**abruti**s	abruti**ss**ez	abruti			*abrutis*
absoudre	**absou**s	abso**lv**ez	absous (te)			—
abstenir (s')	**abstien**s	abstenez	abstenu	abstiendrai		*abstins*
abstraire	**abstrai**s	abstrayez	abstrait			—
accéder	*accède*	accédez				
accélérer	*accélère*	accélérez				
accepter	accept*e*	acceptez				
accomplir	**accompli**s	accompli**ss**ez	accompli			*accomplis*
accourir	**accour**s	accourez	accouru	accourrai		*accourus*
accrocher	accroch*e*	accrochez				
accroître	**accroi**s	accroissez	accru			*accrus*
accroupir (s')	**accroupi**s	accroupi**ss**ez	accroupi			*accroupis*
accueillir	**accueill**e	accueillez	accueilli	accueillerai		*accueillis*
acheter	*achète*	achetez				
achever	*achève*	achevez				
acquérir	**acquier**s	acquérez	acquis	acquerrai		*acquis*
adhérer	*adhère*	adhérez				
admettre	**adme***ts*	adme**tt**ez	admis			*admis*
adoucir	**adouci**s	adouci**ss**ez	adouci			*adoucis*

FORMES DE BASE

INFINITIF	PRÉSENT DE L'INDICATIF		PARTICIPE PASSÉ	FUTUR	SUB- JONCTIF	PASSÉ SIMPLE
	je	vous		*je*	*que je*	*je*
adresser	adress*e*	adressez				
advenir (il)	il advien*t*	(*il* advenait)	advenu	*il* adviendra		*il advint*
aérer	*aère*	aérez				
affaiblir	**affaibli***s*	affaibli**ss**ez	affaibli			*affaiblis*
affermir	**affermi***s*	affermi**ss**ez	affermi			*affermis*
affirmer	affirm*e*	affirmez				
affranchir	**affranchi***s*	affranchi**ss**ez	affranchi			*affranchis*
affréter	*affrète*	affrétez				
agglomérer	*agglomère*	agglomérez				
agir	**agi***s*	agi**ss**ez	agi			*agis*
agonir	**agoni***s*	agoni**ss**ez	agoni			*agonis*
agrandir	**agrandi***s*	agrandi**ss**ez	agrandi			*agrandis*
agréer	agré*e*	agréez				
agréger	*agrège*	agrégez				
aguerrir	**aguerri***s*	aguerri**ss**ez	aguerri			*aguerris*
aider	aid*e*	aidez				
aigrir	**aigri***s*	aigri**ss**ez	aigri			*aigris*
aimer	aime	aimez				
ajouter	ajout*e*	ajoutez				
alanguir	**alangui***s*	alangui**ss**ez	alangui			*alanguis*
aléser	*alèse*	alésez				
aliéner	*aliène*	aliénez				
allécher	*allèche*	alléchez				
alléger	*allège*	allégez				
alléguer	*allègue*	alléguez				

FORMES DE BASE

INFINITIF	PRÉSENT DE L'INDICATIF		PARTICIPE PASSÉ	FUTUR	SUB- JONCTIF	PASSÉ SIMPLE
	je	vous		je	que je	je
aller (voir p. 40)	vais	allez	allé	irai	aille	*allai*
allumer	allum*e*	allumez				
alourdir	**alourdi***s*	alourdi**ss**ez	alourdi			*alourdis*
altérer	*altère*	altérez				
alunir	**aluni***s*	aluni**ss**ez	aluni			*alunis*
amener	*amène*	amenez				
amerrir	**amerri***s*	amerri**ss**ez	amerri			*amerris*
amincir	**aminci***s*	aminci**ss**ez	aminci			*amincis*
amoindrir	**amoindri***s*	amoindri**ss**ez	amoindri			*amoindris*
amollir	**amolli***s*	amolli**ss**ez	amolli			*amollis*
amonceler	*amoncelle*	amoncelez				
amortir	**amorti***s*	amorti**ss**ez	amorti			*amortis*
amuser	amus*e*	amusez				
anéantir	**anéanti***s*	anéanti**ss**ez	anéanti			*anéantis*
anoblir	**anobli***s*	anobli**ss**ez	anobli			*anoblis*
apercevoir	**aperçoi***s*	aperce**v**ez	aperçu	apercevrai		*aperçus*
apitoyer	*apitoie*	apitoyez				
aplanir	**aplani***s*	aplani**ss**ez	aplani			*aplanis*
aplatir	**aplati***s*	aplati**ss**ez	aplati			*aplatis*
apparaître	**apparai***s*	apparai**ss**ez	apparu			*apparus*
appartenir	**appartien***s*	apparte**n**ez	appartenu	appartiendrai		*appartins*
appauvrir	**appauvri***s*	appauvri**ss**ez	appauvri			*appauvris*
appeler	*appelle*	appelez				
appesantir	**appesanti***s*	appesanti**ss**ez	appesanti			*appesantis*
applaudir	**applaudi***s*	applaudi**ss**ez	applaudi			*applaudis*
apporter	apport*e*	apportez				

	FORMES DE BASE					
INFINITIF	PRÉSENT DE L'INDICATIF		PARTICIPE PASSÉ	FUTUR	SUB-JONCTIF	PASSÉ SIMPLE
	je	*vous*		*je*	*que je*	*je*
apprendre	**appren**d*s*	apprenez	appris			*appris*
approfondir	**approfondi**s	approfondi**ss**ez	approfondi			*approfondis*
appuyer	*appuie*	appuyez				
arranger	arrang*e*	arrangez				
arrêter	arrêt*e*	arrêtez				
arriver	arriv*e*	arrivez				
arrondir	**arrondi**s	arrondi**ss**ez	arrondi			*arrondis*
assagir	**assagi**s	assagi**ss**ez	assagi			*assagis*
assaillir	**assaill**e	assaillez	assailli			*assaillis*
assainir	**assaini**s	assaini**ss**ez	assaini			*assainis*
assécher	*assèche*	asséchez				
assener	*assène*	assenez				
asseoir	**assoi**s	assoyez	assis	assoirai		*assis*
asservir	**asservi**s	asservi**ss**ez	asservi			*asservis*
assiéger	*assiège*	assiégez				
assombrir	**assombri**s	assombri**ss**ez	assombri			*assombris*
assortir	**assorti**s	assorti**ss**ez	assorti			*assortis*
assoupir	**assoupi**s	assoupi**ss**ez	assoupi			*assoupis*
assouplir	**assoupli**s	assoupli**ss**ez	assoupli			*assouplis*
assourdir	**assourdi**s	assourdi**ss**ez	assourdi			*assourdis*
assouvir	**assouvi**s	assouvi**ss**ez	assouvi			*assouvis*
assujettir	**assujetti**s	assujetti**ss**ez	assujetti			*assujettis*
assurer	assur*e*	assurez				
astreindre	**astrein**s	astrei**gn**ez	astreint			*astreignis*
attacher	attach*e*	attachez				
atteindre	**attein**s	attei**gn**ez	atteint			*atteignis*

FORMES DE BASE							
INFINITIF	PRÉSENT DE L'INDICATIF		PARTICIPE PASSÉ	FUTUR	SUB-JONCTIF	PASSÉ SIMPLE
	je	vous		je	que je	je
atteler	attelle	attelez				
attendre	**atten**d*s*	atten**d**ez	attendu			*attendis*
attendrir	**attendri**s	attendri**ss**ez	attendri			*attendris*
atterrir	**atterri**s	atterri**ss**ez	atterri			*atterris*
attraper	attrap*e*	attrapez				
avancer	avanc*e*	avancez				
avérer (s')	*avère*	avérez				
avertir	**averti**s	averti**ss**ez	averti			*avertis*
avilir	**avili**s	avili**ss**ez	avili			*avilis*
avoir (voir p. 36)	ai	avez	eu	aurai	aie	*eus*
avouer	avou*e*	avouez				
baigner	baign*e*	baignez				
baisser	baiss*e*	baissez				
balayer	*balaie*	balayez				
bannir	**banni**s	banni**ss**ez	banni			*bannis*
bâtir	**bâti**s	bâti**ss**ez	bâti			*bâtis*
battre	**ba***ts*	bat**t**ez	battu			*battis*
bégayer	*bégaie*	bégayez				
bénir	**béni**s	béni**ss**ez	béni (t)			*bénis*
béqueter	*béquette*	béquetez				
blanchir	**blanchi**s	blanchi**ss**ez	blanchi			*blanchis*
blasphémer	*blasphème*	blasphémez				
blêmir	**blêmi**s	blêmi**ss**ez	blêmi			*blêmis*
blesser	bless*e*	blessez				
blondir	**blondi**s	blondi**ss**ez	blondi			*blondis*
blottir (se)	**blotti**s	blotti**ss**ez	blotti			*blottis*

INFINITIF	PRÉSENT DE L'INDICATIF		PARTICIPE PASSÉ	FUTUR	SUB-JONCTIF	PASSÉ SIMPLE
	je	vous		je	que je	je
boire	bois	buvez	bu			bus
bondir	bondis	bondissez	bondi			bondis
boucher	bouche	bouchez				
bouger	bouge	bougez				
bouillir	bous	bouillez	bouilli			bouillis
braire (il)	il brait	(ils braient)	brait			–
brandir	brandis	brandissez	brandi			brandis
breveter	brevette	brevetez				
briller	brille	brillez				
broyer	broie	broyez				
bruir	bruis	bruissez	brui			bruis
brûler	brûle	brûlez				
brunir	brunis	brunissez	bruni			brunis
cacher	cache	cachez				
cacheter	cachette	cachetez				
calculer	calcule	calculez				
canneler	cannelle	cannelez				
caqueter	caquette	caquetez				
caréner	carène	carénez				
carreler	carrelle	carrelez				
casser	casse	cassez				
causer	cause	causez				
céder	cède	cédez				
ceindre	ceins	ceignez	ceint			ceignis
célébrer	célèbre	célébrez				
chanceler	chancelle	chancelez				

	FORMES DE BASE					
INFINITIF	PRÉSENT DE L'INDICATIF		PARTICIPE PASSÉ	FUTUR	SUB-JONCTIF	PASSÉ SIMPLE
	je	vous		je	que je	je
changer	change	changez				
chanter	chante	chantez				
charger	charge	chargez				
charroyer	charroie	charroyez				
chasser	chasse	chassez				
chatoyer	chatoie	chatoyez				
chauffer	chauffe	chauffez				
chercher	cherche	cherchez				
chérir	**chéris**	chérissez	chéri			chéris
chevreter	chevrette	chevretez				
choir	**chois**	choyez	chu	cherrai		chus
choisir	**choisis**	choisissez	choisi			choisis
choyer	choie	choyez				
chronométrer	chronomètre	chronométrez				
circoncire	**circoncis**	circoncisez	circoncis			
circonscrire	**circonscris**	circonscrivez	circonscrit			circonscrivis
circonvenir	**circonviens**	circonvenez	circonvenu	circonviendrai		circonvins
ciseler	cisèle	ciselez				
clapir	**clapis**	clapissez	clapi			clapis
classer	classe	classez				
cliqueter	cliquette	cliquetez				
clore	clos – il clôt	–	clos		close	–
coller	colle	collez				
combattre	**combats**	combattez	combattu			combattis
commander	commande	commandez				
commencer	commence	commencez				

INFINITIF	PRÉSENT DE L'INDICATIF		PARTICIPE PASSÉ	FUTUR	SUBJONCTIF	PASSÉ SIMPLE
	je	vous		je	que je	je
commettre	comme*ts*	commettez	commis			*commis*
comparaître	comparai*s*	comparaissez	comparu			*comparus*
comparer	compar*e*	comparez				
compatir	compati*s*	compatissez	compati			*compatis*
complaire	complai*s*	complaisez	complu			*complus*
compléter	*complète*	complétez				
composer	compos*e*	composez				
comprendre	compren*ds*	comprenez	compris			*compris*
compromettre	comprome*ts*	compromettez	compromis			*compromis*
compter	compt*e*	comptez				
concéder	*concède*	concédez				
concevoir	conçoi*s*	concevez	conçu	concevrai		*conçus*
conclure	conclu*s*	concluez	conclu			*conclus*
concourir	concour*s*	concourez	concouru	concourrai		*concourus*
condescendre	condescen*ds*	condescendez	condescendu			*condescendis*
conduire	condui*s*	conduisez	conduit			*conduisis*
confédérer	*confédère*	confédérez				
conférer	*confère*	conférez				
confire	confi*s*	confisez	confit			*confis*
confondre	confon*ds*	confondez	confondu			*confondis*
congeler	*congèle*	congelez				
connaître	connai*s*	connaissez	connu			*connus*
conquérir	conquier*s*	conquérez	conquis	conquerrai		*conquis*
conseiller	conseill*e*	conseillez				
consentir	consen*s*	consentez	consenti			*consentis*
considérer	*considère*	considérez				

	FORMES DE BASE						
INFINITIF	PRÉSENT DE L'INDICATIF		PARTICIPE PASSÉ	FUTUR	SUB-JONCTIF	PASSÉ SIMPLE
	je	vous		je	que je	je
consommer	consomme	consommez				
construire	construi*s*	construi**s**ez	construit			*construisis*
contenir	contien*s*	conte**n**ez	contenu			*contins*
continuer	continue	continuez				
contraindre	contrain*s*	contrai**gn**ez	contraint			*contraignis*
contredire	contredi*s*	contredi**s**ez	contredit			*contredis*
contrefaire	(se conjugue comme "faire")					
contrevenir	contrevien*s*	contreve**n**ez	contrevenu	contreviendrai		*contrevins*
convaincre	convainc*s*	convain**qu**ez	convaincu			*convainquis*
convenir	convien*s*	conve**n**ez	convenu	conviendrai		*convins*
convertir	converti*s*	converti**ss**ez	converti			*convertis*
convoyer	*convoie*	convoyez				
coopérer	*coopère*	coopérez				
copier	copie	copiez				
correspondre	correspon*ds*	correspon**d**ez	correspondu			*correspondis*
corrompre	corromp*s*	corrom**p**ez	corrompu			*corrompis*
côtoyer	*côtoie*	côtoyez				
coucher	couche	couchez				
coudoyer	*coudoie*	coudoyez				
coudre	cou*ds*	cou**s**ez	cousu			*cousis*
couler	coule	coulez				
couper	coupe	coupez				
courir	cour*s*	courez	couru	courrai		*courus*
coûter	coûte	coûtez				
couvrir	couvre	couvrez	couvert			*couvris*
craindre	crain*s*	crai**gn**ez	craint			*craignis*

	FORMES DE BASE					
INFINITIF	PRÉSENT DE L'INDICATIF		PARTICIPE PASSÉ	FUTUR	SUB-JONCTIF	PASSÉ SIMPLE
	je	vous		je	que je	je
craqueler	craquelle	craquelez				
créer	crée	créez				
crépir	**crépi**s	crépi**ss**ez	crépi			*crépis*
creuser	creuse	creusez				
crever	crève	crevez				
crocheter	crochète	crochetez				
croire	**croi**s	croyez	cru			*crus*
croître	**croî**s	croissez	crû			*crûs*
croupir	**croupi**s	croupi**ss**ez	croupi			*croupis*
cueillir	**cueill**e	cueillez	cueilli	cueillerai		*cueillis*
cuire	**cui**s	cuisez	cuit			*cuisis*
cultiver	cultive	cultivez				
cureter	curette	curetez				
danser	danse	dansez				
débattre	**déba**ts	débattez	débattu			*débattis*
déblatérer	déblatère	déblatérez				
déblayer	déblaie	déblayez				
débrayer	débraie	débrayez				
débrouiller	débrouille	débrouillez				
décacheter	décachette	décachetez				
décéder	décède	décédez				
déceler	décèle	décelez				
décevoir	**déçoi**s	décevez	déçu	décevrai		*déçus*
décharger	décharge	déchargez				
déchiqueter	déchiquette	déchiquetez				
déchirer	déchire	déchirez				

	FORMES DE BASE					
INFINITIF	PRÉSENT DE L'INDICATIF		PARTICIPE PASSÉ	FUTUR	SUB- JONCTIF	PASSÉ SIMPLE
	je	vous		je	que je	je
déchoir	**déchoi**s	déchoyez	déchu			*déchus*
décider	décid*e*	décidez				
décolérer	*décolère*	décolérez				
décongeler	*décongèle*	décongelez				
décorer	décor*e*	décorez				
découdre	**décou**ds	décou**s**ez	décousu			*décousis*
décourager	décourag*e*	découragez				
découvrir	**découvr**e	découvrez	découvert			*découvris*
décrépir	**décrépi**s	décrépi**ss**ez	décrépi			*décrépis*
décréter	*décrète*	décrétez				
décrire	**décri**s	décri**v**ez	décrit			*décrivis*
décroître	**décroi**s	décroi**ss**ez	décru			*décrus*
dédire	**dédi**s	dédi**s**ez	dédit			*dédis*
déduire	**dédui**s	dédui**s**ez	déduit			*déduisis*
défaillir	**défaill**e	défaillez	défailli			*défaillis*
défaire	(se conjugue	comme 'faire')				
défendre	**défen**ds	défen**d**ez	défendu			*défendis*
déféquer	*défèque*	déféquez				
déférer	*défère*	déférez				
déficeler	*déficelle*	déficelez				
définir	**défini**s	défini**ss**ez	défini			*définis*
défraîchir	**défraîchi**s	défraîchi**ss**ez	défraîchi			*défraîchis*
défrayer	*défraie*	défrayez				
dégarnir	**dégarni**s	dégarni**ss**ez	dégarni			*dégarnis*
dégeler	*dégèle*	dégelez				
dégénérer	*dégénère*	dégénérez				

FORMES DE BASE

INFINITIF	PRÉSENT DE L'INDICATIF		PARTICIPE PASSÉ	FUTUR	SUB-JONCTIF	PASSÉ SIMPLE
	je	vous		je	que je	je
déglutir	dégluti**s**	déglutis**sez**	dégluti			déglutis
dégourdir	dégourdi**s**	dégourdis**sez**	dégourdi			dégourdis
dégoûter	dégoût**e**	dégoûtez				
déguerpir	déguerpi**s**	déguerpis**sez**	déguerpi			déguerpis
déjeuner	déjeun**e**	déjeunez				
délayer	*délaie*	délayez				
déléguer	*délègue*	déléguez				
délibérer	*délibère*	délibérez				
demander	demand**e**	demandez				
démanteler	*démantèle*	démantelez				
démener	*démène*	démenez				
démentir	démen**s**	démentez	démenti			démentis
démettre	déme**ts**	démettez	démis			démis
démolir	démoli**s**	démolis**sez**	démoli			démolis
démordre	démor**ds**	démor**d**ez	démordu			démordis
démunir	démuni**s**	démunis**sez**	démuni			démunis
denteler	*dentelle*	dentelez				
départir (se)	dépar**s**	départez	départi			départis
dépecer	*dépèce*	dépecez				
dépêcher	dépêch**e**	dépêchez				
dépeindre	dépein**s**	dépeignez	dépeint			dépeignis
dépendre	dépen**ds**	dépendez	dépendu			dépendis
dépenser	dépens**e**	dépensez				
dépérir	dépéri**s**	dépéris**sez**	dépéri			dépéris
déplaire	déplai**s**	déplai**s**ez	déplu			déplus
déployer	*déploie*	déployez				

FORMES DE BASE

INFINITIF	PRÉSENT DE L'INDICATIF		PARTICIPE PASSÉ	FUTUR	SUB-JONCTIF	PASSÉ SIMPLE
	je	vous		je	que je	je
dépolir	**dépoli**s	dépoli**ssez**	dépoli			*dépolis*
dépoussiérer	*dépoussière*	dépoussiérez				
déprendre (se)	**dépren**ds	déprenez	dépris			*dépris*
dépuceler	*dépucelle*	dépucelez				
déranger	dérange	dérangez				
dérégler	*dérègle*	déréglez				
désagréger	*désagrège*	désagrégez				
désaltérer	*désaltère*	désaltérez				
descendre	**descen**ds	descen**dez**	descendu			*descendis*
désennuyer	*désennuie*	désennuyez				
désespérer	*désespère*	désespérez				
déshabiller	déshabille	déshabillez				
désintégrer	*désintègre*	désintégrez				
désobéir	**désobéi**s	désobéi**ssez**	désobéi			*désobéis*
dessaisir	**dessaisi**s	dessaisi**ssez**	dessaisi			*dessaisis*
dessécher	*dessèche*	desséchez				
desservir	**desser**s	desser**vez**	desservi			*desservis*
dessiner	dessine	dessinez				
désunir	**désuni**s	désuni**ssez**	désuni			*désunis*
déteindre	**détein**s	déteignez	déteint			*déteignis*
dételer	*dételle*	dételez				
détendre	**déten**ds	déten**dez**	détendu			*détendis*
détenir	**détien**s	déte**nez**	détenu	détiendrai		*détins*
déterminer	détermine	déterminez				
détordre	**détor**ds	détor**dez**	détordu			*détordis*
détruire	**détrui**s	détrui**sez**	détruit			*détruisis*

114

FORMES DE BASE

INFINITIF	PRÉSENT DE L'INDICATIF		PARTICIPE PASSÉ	FUTUR	SUBJONCTIF	PASSÉ SIMPLE
	je	vous		je	que je	je
devenir	**devien**s	deve**nez**	devenu	deviendrai		*devins*
dévêtir	**dévê**ts	dévê**tez**	dévêtu			*dévêtis*
deviner	devine	devinez				
devoir	**doi**s	devez	dû	devrai		*dus*
dévoyer	*dévoie*	dévoyez				
différer	*diffère*	différez				
digérer	*digère*	digérez				
dilacérer	*dilacère*	dilacérez				
dîner	dîne	dînez				
dire (voir p. 42)	dis	dites	dit	dirai	dise	*dis*
disconvenir	**disconvien**s	disconve**nez**	disconvenu	disconviendrai		*disconvins*
discourir	**discour**s	discourez	discouru	discourrai		*discourus*
discuter	discute	discutez				
disjoindre	**disjoin**s	disjoi**gnez**	disjoint			*disjoignis*
disparaître	**disparai**s	disparai**ssez**	disparu			*disparus*
disséquer	*dissèque*	disséquez				
dissoudre	**dissou**s	dissol**vez**	dissous (te)			—
distendre	**disten**ds	disten**dez**	distendu			*distendis*
distraire	**distrai**s	distra**yez**	distrait			—
divertir	**diverti**s	diverti**ssez**	diverti			*divertis*
dominer	domine	dominez				
donner	donne	donnez				
dormir	**dor**s	dor**mez**	dormi			*dormis*
durcir	**durci**s	durci**ssez**	durci			*durcis*
durer	dure	durez				
ébattre (s')	**éba**ts	éba**ttez**	ébattu			*ébattis*

	FORMES DE BASE						
INFINITIF	**PRÉSENT DE L'INDICATIF**		**PARTICIPE PASSÉ**	**FUTUR**	**SUB-JONCTIF**	**PASSÉ SIMPLE**
	je	*vous*		*je*	*que je*	*je*
éblouir	éblouis	éblouissez	ébloui			éblouis
écarteler	écartèle	écartelez				
écheveler	échevelle	échevelez				
échoir (il)	il **échoi**t	—	échu			il échut
éclaircir	éclaircis	éclaircissez	éclairci			éclaircis
éclairer	éclaire	éclairez				
éclore	éclos	(ils éclosent)	éclos			—
éconduire	éconduis	éconduisez	éconduit			éconduisis
écouter	écoute	écoutez				
écraser	écrase	écrasez				
écrémer	écrème	écrémez				
écrier	écrie	écriez				
écrire	écris	écrivez	écrit			écris
effacer	efface	effacez				
effrayer	effraie	effrayez				
égayer	égaie	égayez				
égrener	égrène	égrenez				
élargir	élargis	élargissez	élargi			élargis
élever	élève	élevez				
élire	élis	élisez	élu			élis
embellir	embellis	embellissez	embelli			embellissez
emboutir	emboutis	emboutissez	embouti			emboutis
embrasser	embrasse	embrassez				
embrayer	embraie	embrayez				
émettre	émets	émettez	émis			émis
emmener	emmène	emmenez				

FORMES DE BASE

INFINITIF	PRÉSENT DE L'INDICATIF		PARTICIPE PASSÉ	FUTUR	SUB-JONCTIF	PASSÉ SIMPLE
	je	vous		je	que je	je
émouvoir	**émeus**	émouvez	ému	émouvrai		*émus*
empaqueter	*empaquette*	empaquetez				
empêcher	empêche	empêchez				
empeser	*empèse*	empesez				
empiéter	*empiète*	empiétez				
emplir	**emplis**	emplissez	empli			*emplis*
employer	*emploie*	employez				
emporter	emporte	emportez				
emprunter	emprunte	empruntez				
enchérir	**enchéris**	enchérissez	enchéri			*enchéris*
enclore	**enclos**	(ils enclosent)	enclos			—
encourir	**encours**	encourez	encouru	encourrai		*encourus*
endolorir	**endoloris**	endolorissez	endolori			*endoloris*
endormir	**endors**	endormez	endormi			*endormis*
enduire	**enduis**	enduisez	enduit			*enduisis*
endurcir	**endurcis**	endurcissez	endurci			*endurcis*
enfermer	enferme	enfermez				
enfouir	**enfouis**	enfouissez	enfoui			*enfouis*
enfreindre	**enfreins**	enfreignez	enfreint			*enfreignis*
enfuir (s')	**enfuis**	enfuyez	enfui			*enfuis*
engager	engage	engagez				
engloutir	**engloutis**	engloutissez	englouti			*engloutis*
engourdir	**engourdis**	engourdissez	engourdi			*engourdis*
enhardir (s')	**enhardis**	enhardissez	enhardi			*enhardis*
enlaidir	**enlaidis**	enlaidissez	enlaidi			*enlaidis*
enlever	*enlève*	enlevez				

117

FORMES DE BASE							
INFINITIF	PRÉSENT DE L'INDICATIF		PARTICIPE PASSÉ	FUTUR	SUB-JONCTIF	PASSÉ SIMPLE
	je	vous		je	que je	je
ennoblir	**ennobli**s	ennobli**ss**ez	ennobli			*ennoblis*
ennuyer	*ennuie*	ennuyez				
enorgueillir	**enorgueilli**s	enorgueilli**ss**ez	enorgueilli			*enorgueillis*
enquérir (s')	**enquier**s	enquérez	enquis	enquerrai		*enquis*
enrayer	*enraie*	enrayez				
enregistrer	enregistr*e*	enregistrez				
enrichir	**enrichi**s	enrichi**ss**ez	enrichi			*enrichis*
enseigner	enseign*e*	enseignez				
ensevelir	**enseveli**s	enseveli**ss**ez	enseveli			*ensevelis*
ensorceler	*ensorcelle*	ensorcelez				
ensuivre (il s')	il **s'ensui**t	(il s'ensuivait)	ensuivi			*il s'ensuivit*
entendre	**enten**ds	enten*d*ez	entendu			*entendis*
enterrer	enterr*e*	enterrez				
entourer	entour*e*	entourez				
entremettre (s')	**entreme**ts	entremettez	entremis			*entremis*
entreprendre	**entrepren**ds	entreprenez	entrepris			*entrepris*
entrer	entr*e*	entrez				
entretenir	**entretien**s	entretenez	entretenu	entretiendrai		*entretins*
entrevoir	**entrevoi**s	entrevoyez	entrevu	entreverrai		*entrevis*
entrouvrir	**entrouvr**e	entrouvrez	entrouvert			*entrouvris*
énumérer	*énumère*	énumérez				
envahir	**envahi**s	envahi**ss**ez	envahi			*envahis*
envelopper	envelopp*e*	enveloppez				
envoyer	*envoie*	envoyez		enverrai		
épaissir	**épaissi**s	épaissi**ss**ez	épaissi			*épaissis*
épandre	**épan**ds	épandez	épandu			*épandis*

FORMES DE BASE

INFINITIF	PRÉSENT DE L'INDICATIF		PARTICIPE PASSÉ	FUTUR	SUB-JONCTIF	PASSÉ SIMPLE
	je	vous		je	que je	je
épanouir	épanoui*s*	épanou**iss**ez	épanoui			*épanouis*
épeler	*épelle*	épelez				
épousseter	*époussette*	époussetez				
éprendre	épren*ds*	éprenez	épris			*épris*
équarrir	équarri*s*	équarr**iss**ez	équarri			*équarris*
équiper	équip*e*	équipez				
équivaloir	équivau*x*	équivalez	équivalu	équivaudrai		*équivalus*
espérer	*espère*	espérez				
essayer	*essaie*	essayez				
essuyer	*essuie*	essuyez				
estimer	estim*e*	estimez				
établir	établi*s*	établ**iss**ez	établi			*établis*
étayer	*étaie*	étayez				
éteindre	étein*s* < x	éteignez	éteint			*éteignis*
étendre	éten*ds*	éten**d**ez	étendu			*étendis*
étinceler	*étincelle*	étincelez				
étiqueter	*étiquette*	étiquetez				
étonner	étonn*e*	étonnez				
étourdir	étourdi*s*	étourd**iss**ez	étourdi			*étourdis*
être (voir p. 34)	suis	êtes	été	serai	sois	*fus*
étrécir	étréci*s*	étréc**iss**ez	étréci			*étrécis*
étreindre	étrein*s* < x	étreignez	étreint			*étreignis*
étudier	étudi*e*	étudiez				
évanouir (s')	évanoui*s*	évanou**iss**ez	évanoui			*évanouis*
exagérer	*exagère*	exagérez				
exaspérer	*exaspère*	exaspérez				

FORMES DE BASE

INFINITIF	PRÉSENT DE L'INDICATIF		PARTICIPE PASSÉ	FUTUR	SUB-JONCTIF	PASSÉ SIMPLE
	je	vous		je	que je	je
excéder	excède	excédez				
exclure	**exclus**	excluez	exclu			*exclus*
excuser	excuse	excusez				
exécrer	exècre	exécrez				
exister	existe	existez				
exonérer	exonère	exonérez				
expliquer	explique	expliquez				
extraire	**extrais**	extrayez	extrait			—
faiblir	**faiblis**	faiblissez	faibli			*faiblis*
faillir	—	—	failli			*faillis*
faire (voir p. 38)	fais	faites	fait	ferai	fasse	*fis*
falloir (il)	il **faut**	(il fallait)	fallu	faudra	faille	*fallut*
farcir	**farcis**	farcissez	farci			*farcis*
fatiguer	fatigue	fatiguez				
fédérer	fédère	fédérez				
feindre	**feins**	feignez	feint			*feignis*
fendre	**fends**	fendez	fendu			*fendis*
fermer	ferme	fermez				
festoyer	festoie	festoyez				
feuilleter	feuillette	feuilletez				
ficeler	ficelle	ficelez				
finir	**finis**	finissez	fini			*finis*
flamboyer	flamboie	flamboyez				
flécher	flèche	fléchez				
fléchir	**fléchis**	fléchissez	fléchi			*fléchis*
flétrir	**flétris**	flétrissez	flétri			*flétris*

FORMES DE BASE						
INFINITIF	PRÉSENT DE L'INDICATIF		PARTICIPE PASSÉ	FUTUR	SUB-JONCTIF	PASSÉ SIMPLE
	je	vous		je	que je	je
fleurir	**fleuri**s	fleuri**ss**ez	fleuri			*fleuris*
fondre	**fon**ds	fon**d**ez	fondu			*fondis*
forcer	forc*e*	forcez				
forcir	**forci**s	forci**ss**ez	forci			*forcis*
forclore	—	—	forclos			—
forger	forg*e*	forgez				
former	form*e*	formez				
fossoyer	*fossoie*	fossoyez				
foudroyer	*foudroie*	foudroyez				
fourbir	**fourbi**s	fourbi**ss**ez	fourbi			*fourbis*
fournir	**fourni**s	fourni**ss**ez	fourni			*fournis*
fourvoyer	*fourvoie*	fourvoyez				
foutre	**fou**s	foutez	foutu			—
fraîchir (il)	il **fraîchit**	(il fraîchi**ss**ait)	fraîchi			*il fraîchit*
franchir	**franchi**s	franchi**ss**ez	franchi			*franchis*
frapper	frapp*e*	frappez				
frayer	*fraie*	frayez				
frémir	**frémi**s	frémi**ss**ez	frémi			*frémis*
fréter	*frète*	frétez				
frire	**fri**s	—	frit			*fris*
frotter	frott*e*	frottez				
fuir	**fui**s	fuyez	fui			*fuis*
fumer	fum*e*	fumez				
fureter	*furète*	furetez				
fuseler	*fuselle*	fuselez				
gagner	gagn*e*	gagnez				

FORMES DE BASE

INFINITIF	PRÉSENT DE L'INDICATIF		PARTICIPE PASSÉ	FUTUR	SUB-JONCTIF	PASSÉ SIMPLE
	je	vous		je	que je	je
gangrener	*gangrène*	gangrenez				
garantir	**garanti**s	garanti**ss**ez	garanti			*garantis*
garder	gard*e*	gardez				
garer	gar*e*	garez				
garnir	**garni**s	garni**ss**ez	garni			*garnis*
gauchir	**gauchi**s	gauchi**ss**ez	gauchi			*gauchis*
geindre	**gein**s	geignez	geint			*geignis*
geler	*gèle*	gelez				
gémir	**gémi**s	gémi**ss**ez	gémi			*gémis*
gêner	gên*e*	gênez				
gérer	*gère*	gérez				
gésir	**gi**s	gi**s**ez	–			–
glapir	**glapi**s	glapi**ss**ez	glapi			*glapis*
gonfler	gonfl*e*	gonflez				
grandir	**grandi**s	grandi**ss**ez	grandi			*grandis*
grasseyer	grassey*e*	grasseyez				
gravir	**gravi**s	gravi**ss**ez	gravi			*gravis*
grever	*grève*	grevez				
grommeler	*grommelle*	grommelez				
grossir	**grossi**s	grossi**ss**ez	grossi			*grossis*
grouper	group*e*	groupez				
guérir	**guéri**s	guéri**ss**ez	guéri			*guéris*
guerroyer	*guerroie*	guerroyez				
habiller	habill*e*	habillez				
habiter	habit*e*	habitez				
haïr	**haï**s	haï**ss**ez	haï			*haïs*

FORMES DE BASE

INFINITIF	PRÉSENT DE L'INDICATIF		PARTICIPE PASSÉ	FUTUR	SUB- JONCTIF	PASSÉ SIMPLE
	je	vous		je	que je	je
haleter	halète	haletez				
harceler	harcèle	harcelez				
héler	hèle	hélez				
hennir	**henni**s	henni**ss**ez	henni			*hennis*
hoqueter	hoquette	hoquetez				
hypothéquer	hypothèque	hypothéquez				
imaginer	imagin*e*	imaginez				
impartir	**imparti**s	imparti**ss**ez	imparti			*impartis*
imprégner	imprègne	imprégnez				
incarcérer	incarcère	incarcérez				
incinérer	incinère	incinérez				
inclure	**inclu**s	inclu*e*z	inclus			*inclus*
induire	**indui**s	indui**s**ez	induit			*induisis*
inférer	infère	inférez				
infléchir	**infléchi**s	infléchi**ss**ez	infléchi			*infléchis*
ingérer	ingère	ingérez				
inquiéter	inquiète	inquiétez				
inscrire	**inscri**s	inscriv*e*z	inscrit			*inscrivis*
insérer	insère	insérez				
installer	install*e*	installez				
instruire	**instrui**s	instrui*s*ez	instruit			*instruisis*
intégrer	intègre	intégrez				
interagir	**interagi**s	interagi**ss**ez	interagi			*interagis*
intercéder	intercède	intercédez				
interdire	**interdi**s	interdi*s*ez	interdit			*interdis*
intéresser	intéress*e*	intéressez				

INFINITIF	PRÉSENT DE L'INDICATIF		PARTICIPE PASSÉ	FUTUR	SUB-JONCTIF	PASSÉ SIMPLE
	je	vous		je	que je	je
interférer	*interfère*	interférez				
interpeller	interpell*e*	interpellez				
interpréter	*interprète*	interprétez				
interrompre	**interrom***ps*	interrom**pez**	interrompu			*interrompis*
intervenir	**intervien***s*	interve**nez**	intervenu	interviendrai		*intervins*
intervertir	**interverti***s*	interverti**ssez**	interverti			*intervertis*
introduire	**introdui***s*	introdui**sez**	introduit			*introduisis*
invertir	**inverti***s*	inverti**ssez**	inverti			*invertis*
investir	**investi***s*	investi**ssez**	investi			*investis*
inviter	invit*e*	invitez				
jaillir	**jailli***s*	jailli**ssez**	jailli			*jaillis*
jaunir	**jauni***s*	jauni**ssez**	jauni			*jaunis*
jeter	*jette*	jetez				
joindre	**join***s*	joi**gnez**	joint			*joignis*
jouer	jou*e*	jouez				
jouir	**joui***s*	joui**ssez**	joui			*jouis*
juger	jug*e*	jugez				
jumeler	*jumelle*	jumelez				
lacérer	*lacère*	lacérez				
laisser	laiss*e*	laissez				
lancer	lanc*e*	lancez				
languir	**langui***s*	langui**ssez**	langui			*languis*
larmoyer	*larmoie*	larmoyez				
laver	lav*e*	lavez				
lécher	*lèche*	léchez				
légiférer	*légifère*	légiférez				

FORMES DE BASE

INFINITIF	PRÉSENT DE L'INDICATIF		PARTICIPE PASSÉ	FUTUR	SUB-JONCTIF	PASSÉ SIMPLE
	je	vous		je	que je	je
léguer	lègue	léguez				
léser	lèse	lésez				
lever	lève	levez				
libérer	libère	libérez				
lire	li**s**	li**s**ez	lu			lus
loger	log*e*	logez				
louer	lou*e*	louez				
louvoyer	louvoie	louvoyez				
luire	lui**s**	lui**s**ez	lui			luisis
macérer	macère	macérez				
maigrir	maigri**s**	maigri**ss**ez	maigri			maigris
maintenir	maintien**s**	maintenez	maintenu	maintiendrai		maintins
malmener	malmène	malmenez				
manger	mang*e*	mangez				
manquer	manqu*e*	manquez				
marcher	march*e*	marchez				
marier	mari*e*	mariez				
marquer	marqu*e*	marquez				
marqueter	marquette	marquetez				
marteler	martèle	martelez				
maudire	maudi**s**	maudi**ss**ez	maudit			maudis
méconnaître	méconnai**s**	méconnai**ss**ez	méconnu			méconnus
médire	médi**s**	médi**s**ez	médit			médis
mêler	mêl*e*	mêlez				
mener	mène	menez				
mentir	men**s**	mentez	menti			mentis

FORMES DE BASE							
INFINITIF	PRÉSENT DE L'INDICATIF		PARTICIPE PASSÉ	FUTUR	SUB-JONCTIF	PASSÉ SIMPLE
	je	vous		je	que je	je
méprendre (se)	**mépren**ds	**mépre**n**ez**	mépris	méprendrai		*mépris*
mesurer	mesur*e*	mesurez				
mettre	me*ts*	me**ttez**	mis			*mis*
meurtrir	**meurtri**s	**meurtri**ss**ez**	meurtri			*meurtris*
mincir	**minci**s	**minci**ss**ez**	minci			*mincis*
modeler	*modèle*	modelez				
modérer	*modère*	modérez				
moisir	**moisi**s	**moisi**ss**ez**	moisi			*moisis*
mollir	**molli**s	**molli**ss**ez**	molli			*mollis*
monnayer	*monnaie*	monnayez				
monter	mont*e*	montez				
montrer	montr*e*	montrez				
moquer	moqu*e*	moquez				
morceler	*morcelle*	morcelez				
mordre	**mor**ds	**mor**d**ez**	mordu			*mordis*
morfondre (se)	**morfon**ds	**morfon**d**ez**	morfondu			*morfondis*
moudre	**mou**ds	**mou**l**ez**	moulu			*moulus*
mouiller	mouill*e*	mouillez				
mourir	**meur**s	**mou**v**ez**	mort	mourrai		*mourus*
mouvoir	**meu**s	**mou**v**ez**	mû	mouvrai		*mus*
mugir	**mugi**s	**mugi**ss**ez**	mugi			*mugis*
munir	**muni**s	**muni**ss**ez**	muni			*munis*
mûrir	**mûri**s	**mûri**ss**ez**	mûri			*mûris*
museler	*muselle*	muselez				
nager	nag*e*	nagez				
naître	**nai**s	**nai**ss**ez**	né			*naquis*

FORMES DE BASE

INFINITIF	PRÉSENT DE L'INDICATIF		PARTICIPE PASSÉ	FUTUR	SUB-JONCTIF	PASSÉ SIMPLE
	je	vous		je	que je	je
nantir	**nanti**s	nantissez	nanti			*nantis*
neiger (il)	il neige	(il neigeait)				
nettoyer	*nettoie*	nettoyez				
niveler	*nivelle*	nivelez				
noircir	**noirci**s	noircissez	noirci			*noircis*
nommer	nomme	nommez				
nourrir	**nourri**s	nourrissez	nourri			*nourris*
noyer	*noie*	noyez				
nuire	**nui**s	nuisez	nui			*nuisis*
obéir	**obéi**s	obéissez	obéi			*obéis*
obliger	oblige	obligez				
oblitérer	*oblitère*	oblitérez				
obscurcir	**obscurci**s	obscurcissez	obscurci			*obscurcis*
obséder	*obsède*	obsédez				
obtempérer	*obtempère*	obtempérez				
obtenir	**obtien**s	obtenez	obtenu	obtiendrai		*obtins*
occuper	occupe	occupez				
octroyer	*octroie*	octroyez				
offrir	**offr**e	offrez	offert			*offris*
oindre	—	—	oint			—
omettre	**ome**ts	omettez	omis			*omis*
opérer	*opère*	opérez				
organiser	organise	organisez				
oser	ose	osez				
oublier	oublie	oubliez				
ouïr	—	—	oui			*ouïs*

FORMES DE BASE

INFINITIF	PRÉSENT DE L'INDICATIF		PARTICIPE PASSÉ	FUTUR	SUB-JONCTIF	PASSÉ SIMPLE
	je	vous		je	que je	je
ourdir	ourdi**s**	ourdi**ss**ez	ourdi			*ourdis*
ouvrir	ouvr**e**	ouvrez	ouvert			*ouvris*
oxygéner	*oxygène*	oxygénez				
paître	pai**s**	pai**ss**ez	—			—
pâlir	pâli**s**	pâli**ss**ez	pâli			*pâlis*
parachever	*parachève*	parachevez				
paraître	parai**s**	parai**ss**ez	paru			*parus*
parcourir	parcour**s**	parcourez	parcouru	parcourrai		*parcourus*
pardonner	pardonn**e**	pardonnez				
parfaire	(se conjugue comme "faire")					
parler	parl**e**	parlez				
parqueter	*parquette*	parquetez				
parsemer	*parsème*	parsemez				
partager	partag**e**	partagez				
partir	par**s**	partez	parti			*partis*
parvenir	parvien**s**	parvenez	parvenu	parviendrai		*parvins*
passer	pass**e**	passez				
pâtir	pâti**s**	pâti**ss**ez	pâti			*pâtis*
payer	*paie*	payez				
pécher	*pèche*	péchez				
pêcher	pêch**e**	pêchez				
peigner	peign**e**	peignez				
peindre	pein**s**	pei**gn**ez	peint			*peignis*
peler	*pèle*	pelez				
pencher	pench**e**	penchez				
pendre	pen**ds**	pendez	pendu			*pendis*

FORMES DE BASE

INFINITIF	PRÉSENT DE L'INDICATIF		PARTICIPE PASSÉ	FUTUR	SUB-JONCTIF	PASSÉ SIMPLE
	je	vous		je	que je	je
pénétrer	pénètre	pénétrez				
penser	pense	pensez				
percer	perce	percez				
percevoir	**perçoi**s	perce**v**ez	perçu	percevrai		perçus
perdre	**per**ds	per**d**ez	perdu			perdis
périr	**péri**s	péri**ss**ez	péri			péris
permettre	**perme**ts	permet**t**ez	permis			permis
perpétrer	perpètre	perpétrez				
persévérer	persévère	persévérez				
pervertir	**perverti**s	perverti**ss**ez	perverti			pervertis
peser	pèse	pesez				
péter	pète	pétez				
pétrir	**pétri**s	pétri**ss**ez	pétri			pétris
photographier	photographie	photographiez				
piéger	piège	piégez				
piquer	pique	piquez				
plaindre	**plain**s	plaig**n**ez	plaint			plaignis
plaire	**plai**s	plai**s**ez	plu			plus
planter	plante	plantez				
pleurer	pleure	pleurez				
pleuvoir (il)	il pleut	(il pleuvait)	plu	il pleuvra		il plut
plier	plie	pliez				
ployer	ploie	ployez				
poindre	**poin**s	poig**n**ez	point			poignis
polir	**poli**s	poli**ss**ez	poli			polis
pondérer	pondère	pondérez				

	FORMES DE BASE					
INFINITIF	PRÉSENT DE L'INDICATIF		PARTICIPE PASSÉ	FUTUR	SUB-JONCTIF	PASSÉ SIMPLE
	je	vous		je	que je	je
pondre	**pon**ds	pon**d**ez	pondu			pondis
porter	port*e*	portez				
poser	pos*e*	posez				
posséder	*possède*	possédez				
pourfendre	**pourfen**ds	pourfen**d**ez	pourfendu			pourfendis
pourrir	**pourri**s	pourri**ss**ez	pourri			pourris
poursuivre	**poursui**s	poursui**v**ez	poursuivi			poursuivis
pourvoir	**pourvoi**s	pourvoyez	pourvu			pourvus
pousser	pouss*e*	poussez				
pouvoir	**peu**x	pou**v**ez	pu	pourrai	puisse	pus
précéder	*précède*	précédez				
prédire	**prédi**s	prédi**s**ez	prédit			prédis
préférer	*préfère*	préférez				
prélever	*prélève*	prélevez				
prémunir	**prémuni**s	prémuni**ss**ez	prémuni			prémunis
prendre	**pren**ds	pren**n**ez	pris			pris
préparer	prépar*e*	préparez				
prescrire	**prescri**s	prescri**v**ez	prescrit			prescrivis
présenter	présent*e*	présentez				
pressentir	**pressen**s	pressen**t**ez	pressenti			pressentis
presser	press*e*	pressez				
prétendre	**préten**ds	préten**d**ez	prétendu			prétendis
prêter	prêt*e*	prêtez				
prévaloir	**prévau**x	préva**l**ez	prévalu	prévaudrai		prévalus
prévenir	**préviens**	préve**n**ez	prévenu	préviendrai		prévins
prévoir	**prévoi**s	prévoyez	prévu			prévis

FORMES DE BASE

INFINITIF	PRÉSENT DE L'INDICATIF		PARTICIPE PASSÉ	FUTUR	SUB-JONCTIF	PASSÉ SIMPLE
	je	vous		je	que je	je
procéder	procède	procédez				
produire	**produis**	produi**s**ez	produit			*produisis*
proférer	profère	proférez				
profiter	profite	profitez				
projeter	projette	projetez				
proliférer	prolifère	proliférez				
promener	promène	promenez				
promettre	**promets**	promettez	promis			*promis*
promouvoir	**promeus**	promou**v**ez	promu	promouvrai		*promus*
prononcer	prononce	prononcez				
proscrire	**proscris**	proscrivez	proscrit			*proscris*
prospérer	prospère	prospérez				
protéger	protège	protégez				
protester	proteste	protestez				
provenir	**proviens**	prove**n**ez	provenu	proviendrai		*provins*
publier	publie	publiez				
punir	**punis**	puni**ss**ez	puni			*punis*
quitter	quitte	quittez				
rabattre	**rabats**	rabattez	rabattu			*rabattis*
raccourcir	**raccourcis**	raccourci**ss**ez	raccourci			*raccourcis*
racheter	rachète	rachetez				
raconter	raconte	racontez				
racornir	**racornis**	racorni**ss**ez	racorni			*racornis*
radoucir	**radoucis**	radouci**ss**ez	radouci			*radoucis*
raffermir	**raffermis**	raffermi**ss**ez	raffermi			*raffermis*
rafraîchir	**rafraîchis**	rafraîchi**ss**ez	rafraîchi			*rafraîchis*

INFINITIF	PRÉSENT DE L'INDICATIF		PARTICIPE PASSÉ	FUTUR	SUB-JONCTIF	PASSÉ SIMPLE
	je	vous		je	que je	je
ragaillardir	**ragaillardi**s	ragaillardi**ss**ez	ragaillardi			*ragaillardis*
raidir	**raidi**s	raidi**ss**ez	raidi			*raidis*
rajeunir	**rajeuni**s	rajeuni**ss**ez	rajeuni			*rajeunis*
ralentir	**ralenti**s	ralenti**ss**ez	ralenti			*ralentis*
ramasser	ramass*e*	ramassez				
ramener	*ramène*	ramenez				
ramollir	**ramolli**s	ramolli**ss**ez	ramolli			*ramollis*
rancir	**ranci**s	ranci**ss**ez	ranci			*rancis*
ranger	rang*e*	rangez				
rapiécer	*rapièce*	rapiécez				
rappeler	*rappelle*	rappelez				
raser	ra*s*e	rasez				
rasseoir	**rassoi**s	rassoyez	rassis			*rassis*
rassortir	**rassorti**s	rassorti**ss**ez	rassorti			*rassortis*
râteler	*râtelle*	râtelez				
ravir	**ravi**s	ravi**ss**ez	ravi			*ravis*
rayer	*raie*	rayez				
réagir	**réagi**s	réagi**ss**ez	réagi			*réagis*
réaliser	réalis*e*	réalisez				
rebondir	**rebondi**s	rebondi**ss**ez	rebondi			*rebondis*
receler	*recèle*	recelez				
recevoir	**reçoi**s	rece**v**ez	reçu	recevrai		*reçus*
récolter	récolt*e*	récoltez				
reconduire	**recondui**s	recondui*s*ez	reconduit			*reconduisis*
reconnaître	**reconnai**s	reconnai**ss**ez	reconnu			*reconnus*
recourir	**recour**s	recourez	recouru	recourrai		*recourus*

FORMES DE BASE

INFINITIF	PRÉSENT DE L'INDICATIF		PARTICIPE PASSÉ	FUTUR	SUB-JONCTIF	PASSÉ SIMPLE
	je	vous		je	que je	je
récrire	**récri**s	récri**v**ez	récrit			*récrivis*
recueillir	**recueill**e	recueillez	recueilli	recueillerai		*recueillis*
recuire	**recui**s	recui**s**ez	recuit			*recuisis*
reculer	recul*e*	reculez				
récupérer	*récupère*	récupérez				
redevenir	**redevien**s	redeve**n**ez	redevenu	redeviendrai		*redevins*
redire	(se conjugue	comme 'dire')				
réduire	**rédui**s	rédui**s**ez	réduit			*réduisis*
réélire	**rééli**s	réélisez	réélu			*réélis*
refaire	(se conjugue	comme 'faire')				
référer	*réfère*	référez				
réfléchir	**réfléchi**s	réfléchi**ss**ez	réfléchi			*réfléchis*
refléter	*reflète*	reflétez				
refondre	**refon**ds	refon**d**ez	refondu			*refondis*
refréner	*refrène*	refrénez				
réfrigérer	*réfrigère*	réfrigérez				
refroidir	**refroidi**s	refroidi**ss**ez	refroidi			*refroidis*
refuser	refus*e*	refusez				
regarder	regard*e*	regardez				
régénérer	*régénère*	régénérez				
régir	**régi**s	régi**ss**ez	régi			*régis*
régler	*règle*	réglez				
régner	*règne*	régnez				
regretter	regrett*e*	regrettez				
réinscrire	**réinscri**s	réinscri**v**ez	réinscrit			*réinscrivis*
réitérer	*réitère*	réitérez				

FORMES DE BASE						
INFINITIF	PRÉSENT DE L'INDICATIF		PARTICIPE PASSÉ	FUTUR	SUB-JONCTIF	PASSÉ SIMPLE
	je	vous		je	que je	je
rejaillir	**rejailli**s	rejaillissez	rejailli			*rejaillis*
rejoindre	**rejoin**s	rejoignez	rejoint			*rejoignis*
réjouir	**réjoui**s	réjouissez	réjoui			*réjouis*
relayer	*relaie*	relayez				
reléguer	*relègue*	reléguez				
relever	*relève*	relevez				
relire	**reli**s	relisez	relu			*relus*
reluire	**relui**s	reluisez	relui			*reluis*
remarquer	remarque	remarquez				
remblayer	*remblaie*	remblayez				
remercier	remercie	remerciez				
remettre	**reme**ts	remettez	remis			*remis*
remonter	remonte	remontez				
remplacer	remplace	remplacez				
remplir	**rempli**s	remplissez	rempli			*remplis*
remuer	remue	remuez				
rémunérer	*rémunère*	rémunérez				
renaître	**renai**s	renaissez	(rené)			*renaquis*
renchérir	**renchéri**s	renchérissez	renchéri			*renchéris*
rencontrer	rencontre	rencontrez				
rendre	**ren**ds	rendez	rendu			*rendis*
renouveler	*renouvelle*	renouvelez				
rentrer	rentre	rentrez				
renvoyer	*renvoie*	renvoyez				
repaître	**repai**s	repaissez	repu			*repus*
répandre	**répan**ds	répandez	répandu			*répandis*

FORMES DE BASE

INFINITIF	PRÉSENT DE L'INDICATIF		PARTICIPE PASSÉ	FUTUR	SUB-JONCTIF	PASSÉ SIMPLE
	je	vous		je	que je	je
réparer	répare	réparez				
repartir	**repars**	repartez	reparti			*repartis*
repasser	repasse	repassez				
repentir (se)	**repens**	repentez	repenti			*repentis*
repérer	*repère*	repérez				
répéter	*répète*	répétez				
répondre	**réponds**	répondez	répondu			*répondis*
reposer	repose	reposez				
repousser	repousse	repoussez				
reprendre	**reprends**	reprenez	repris			*repris*
représenter	représente	représentez				
reproduire	**reproduis**	reproduisez	reproduit			*reproduisis*
requérir	**requiers**	requérez	requis	requerrai		*requis*
résoudre	**résous**	résolvez	résolu			*résolus*
respirer	respire	respirez				
resplendir	**resplendis**	resplendissez	resplendi			*resplendis*
ressaisir	**ressaisis**	ressaisissez	ressaisi			*ressaisis*
ressembler	ressemble	ressemblez				
ressemeler	*ressemelle*	ressemelez				
ressentir	**ressens**	ressentez	ressenti			*ressentis*
rester	reste	restez				
restreindre	**restreins**	restreignez	restreint			*restreignis*
résumer	résume	résumez				
rétablir	**rétablis**	rétablissez	rétabli			*rétablis*
retenir	**retiens**	retenez	retenu	retiendrai		*retins*
retentir	**retentis**	retentissez	retenti			*retentis*

FORMES DE BASE

INFINITIF	PRÉSENT DE L'INDICATIF		PARTICIPE PASSÉ	FUTUR	SUB-JONCTIF	PASSÉ SIMPLE
	je	vous		je	que je	je
retirer	retire	retirez				
retourner	retourne	retournez				
rétrécir	**rétréci**s	**rétréci**ssez	rétréci			*rétrécis*
rétrocéder	*rétrocède*	rétrocédez				
retrouver	retrouve	retrouvez				
réunir	**réuni**s	**réuni**ssez	réuni			*réunis*
réussir	**réussi**s	**réussi**ssez	réussi			*réussis*
réveiller	réveille	réveillez				
révéler	*révèle*	révélez				
revenir	**revien**s	revenez	revenu	reviendrai		*revins*
reverdir	**reverdi**s	reverdissez	reverdi			*reverdis*
révérer	*révère*	révérez				
revêtir	**revêt**s	revêtez	revêtu			*revêtis*
revoir	**revoi**s	revoyez	revu	reverrai		*revis*
rire	**ri**s	riez	ri			*ris*
risquer	risque	risquez				
riveter	*rivette*	rivetez				
rompre	**romp**s	rompez	rompu			*rompis*
rosir	**rosi**s	rosissez	rosi			*rosis*
rôtir	**rôti**s	rôtissez	rôti			*rôtis*
rougeoyer	*rougeoie*	rougeoyez				
rougir	**rougi**s	rougissez	rougi			*rougis*
rouler	roule	roulez				
rouspéter	*rouspète*	rouspétez				
roussir	**roussi**s	roussissez	roussi			*roussis*
rudoyer	*rudoie*	rudoyez				

FORMES DE BASE

INFINITIF	PRÉSENT DE L'INDICATIF		PARTICIPE PASSÉ	FUTUR	SUB-JONCTIF	PASSÉ SIMPLE
	je	vous		je	que je	je
rugir	rugi**s**	rugi**ss**ez	rugi			*rugis*
ruisseler	*ruisselle*	ruisselez				
saillir (il)	il **saille**	—	sailli	il saillera		*il saillit*
saisir	saisi**s**	saisi**ss**ez	saisi			*saisis*
salir	sali**s**	sali**ss**ez	sali			*salis*
saluer	salu*e*	saluez				
satisfaire	(se conjugue	comme 'faire')				
sauter	saut*e*	sautez				
sauver	sauv*e*	sauvez				
savoir (voir p. 44)	sais	savez	su	saurai	sache	*sus*
sculpter	sculpt*e*	sculptez				
sécher	*sèche*	séchez				
secourir	secour**s**	secourez	secouru	secourrai		*secourus*
sécréter	*sécrète*	sécrétez				
séduire	sédui**s**	sédui**s**ez	séduit			*séduisis*
sembler	sembl*e*	semblez				
semer	*sème*	semez				
sentir	sen**s**	sentez	senti			*sentis*
seoir (il)	il sied	il seyait	sis	il siéra	il siée	—
serrer	serr*e*	serrez				
sertir	serti**s**	serti**ss**ez	serti			*sertis*
servir	ser**s**	servez	servi			*servis*
sévir	sévi**s**	sévi**ss**ez	sévi			*sévis*
sevrer	*sèvre*	sevrez				
sidérer	*sidère*	sidérez				

	FORMES DE BASE						
INFINITIF	PRÉSENT DE L'INDICATIF		PARTICIPE PASSÉ	FUTUR	SUB- JONCTIF	PASSÉ SIMPLE
	je	vous		je	que je	je
siéger	*siège*	siégez				
signaler	signal*e*	signalez				
signer	sign*e*	signez				
soigner	soign*e*	soignez				
sonner	sonn*e*	sonnez				
sortir	sor*s*	sortez	sorti			*sortis*
soudoyer	*soudoie*	soudoyez				
souffleter	*soufflette*	souffletez				
souffrir	**souffr*e***	souffrez	souffert			*souffris*
souhaiter	souhait*e*	souhaitez				
soulever	*soulève*	soulevez				
souligner	sougn*e*	soulignez				
soumettre	**soume*ts***	soume**tt**ez	soumis			*soumis*
soupeser	*soupèse*	soupesez				
sourire	**souri*s***	souriez	souri			*souris*
souscrire	**souscri*s***	souscri**v**ez	souscrit			*souscrivis*
soustraire	**soustrai*s***	soustrayez	soustrait			—
soutenir	**soutien*s***	soutenez	soutenu			*soutins*
souvenir	**souvien*s***	souvenez	souvenu	souviendrai		*souvins*
subir	**subi*s***	subi**ss**ez	subi			*subis*
subvenir	**subvien*s***	subvenez	subvenu	subviendrai		*subvins*
succéder	*succède*	succédez				
suffire	**suffi*s***	suffi**s**ez	suffi			*suffis*
suggérer	*suggère*	suggérez				
suivre	**sui*s***	sui**v**ez	suivi			*suivis*
supposer	suppos*e*	supposez				

FORMES DE BASE

INFINITIF	PRÉSENT DE L'INDICATIF		PARTICIPE PASSÉ	FUTUR	SUB-JONCTIF	PASSÉ SIMPLE
	je	vous		je	que je	je
surgeler	surgèle	surgelez				
surgir	**surgis**	surgissez	surgi			*surgis*
surmener	surmène	surmenez				
surprendre	**surprends**	surprenez	surpris			*surpris*
surseoir	**sursois**	sursoyez	sursis			*sursis*
surveiller	surveille	surveillez				
survenir	**surviens**	survenez	survenu	surviendrai		*survins*
survivre	**survis**	survivez	survécu			*survécus*
suspendre	**suspends**	suspendez	suspendu			*suspendis*
tacheter	tachette	tachetez				
tailler	taille	taillez				
taire	**tais**	taisez	tu			*tus*
taper	tape	tapez				
tapir (se)	**tapis**	tapissez	tapi			*tapis*
tarir	**taris**	tarissez	tari			*taris*
teindre	**teins**	teignez	teint			*teignis*
téléphoner	téléphone	téléphonez				
tempérer	tempère	tempérez				
tendre	**tends**	tendez	tendu			*tendis*
tenir	**tiens**	tenez	tenu	tiendrai		*tins*
terminer	termine	terminez				
ternir	**ternis**	ternissez	terni			*ternis*
téter	tète	tétez				
tiédir	**tiédis**	tiédissez	tiédi			*tiédis*
tirer	tire	tirez				
tolérer	tolère	tolérez				

FORMES DE BASE

INFINITIF	PRÉSENT DE L'INDICATIF		PARTICIPE PASSÉ	FUTUR	SUB-JONCTIF	PASSÉ SIMPLE
	je	vous		je	que je	je
tomber	tombe	tombez				
tondre	ton*ds*	ton**d**ez	tondu			*tondis*
tordre	tor*ds*	tor**d**ez	tordu			*tordis*
toucher	touche	touchez				
tourner	tourne	tournez				
tournoyer	*tournoie*	tournoyez				
tousser	tousse	toussez				
traduire	tradui*s*	traduisez	traduit			*traduisis*
trahir	trahi*s*	trahi**ss**ez	trahi			*trahis*
traire	trai*s*	trayez	trait			—
transcrire	transcri*s*	transcrivez	transcrit			*transcrivis*
transférer	*transfère*	transférez				
transformer	transforme	transformez				
transmettre	transme*ts*	transmettez	transmis			*transmis*
transparaître	transparai*s*	transparai**ss**ez	transparu			*transparus*
travailler	travaille	travaillez				
traverser	traverse	traversez				
travestir	travesti*s*	travesti**ss**ez	travesti			*travestis*
tressaillir	tressaille	tressaillez	tressailli			*tressaillis*
tromper	trompe	trompez				
trouver	trouve	trouvez				
tuer	tue	tuez				
tutoyer	*tutoie*	tutoyez				
ulcérer	*ulcère*	ulcérez				
unir	uni*s*	uni**ss**ez	uni			*unis*
vacciner	vaccine	vaccinez				

FORMES DE BASE

INFINITIF	PRÉSENT DE L'INDICATIF		PARTICIPE PASSÉ	FUTUR	SUB-JONCTIF	PASSÉ SIMPLE
	je	vous		je	que je	je
vagir	**vagi**s	vagi**ss**ez	vagi			*vagis*
vaincre	**vain**cs	vain**qu**ez	vaincu			*vainquis*
valoir	**vau**x	va**l**ez	valu	vaudrai	vaille	*valus*
végéter	*végète*	végétez				
vendre	**ven**ds	ven**d**ez	vendu			*vendis*
vénérer	*vénère*	vénérez				
venir	**vien**s	ve**n**ez	venu	viendrai		*vins*
verdir	**verdi**s	verdi**ss**ez	verdi			*verdis*
vernir	**verni**s	verni**ss**ez	verni			*vernis*
vêtir	**vê**ts	vê**t**ez	vêtu			*vêtis*
vider	vide	videz				
vieillir	**vieilli**s	vieilli**ss**ez	vieilli			*vieillis*
visiter	visite	visitez				
vitupérer	*vitupère*	vitupérez				
vivre	**vi**s	vi**v**ez	vécu			*vécus*
vociférer	*vocifère*	vociférez				
voir	**voi**s	vo**y**ez	vu	verrai		*vis*
voler	vole	volez				
voleter	*volette*	voletez				
vomir	**vomi**s	vomi**ss**ez	vomi			*vomis*
vouloir	**veu**x	vou**l**ez	voulu	voudrai	veuille	*voulus*
vouvoyer	*vouvoie*	vouvoyez				
voyager	voyage	voyagez				
vrombir	**vrombi**s	vrombi**ss**ez	vrombi			*vrombis*
zézayer	*zézaie*	zézayez				

Critères de sélection des 1000 verbes particuliers

	Critères de sélection des 1000 verbes du tableau des formes de base			
	Très fréquents	**Courants**		**Très rares**
Verbes en ...er	A environ **250** qui suivent la règle simple du groupe C (inclus dans ce tableau pour le confort des étudiants qui très probablement les rencontreront avant le niveau intermédiaire)	B environ **300** dont le radical change à la forme *je*	C Au delà des 250 « très fréquents » sont <u>absents</u> tous les verbes en **...er**, d'usage courant dont les formes *je* et *vous* s'obtiennent simplement en remplaçant *...er* par *...e* et *...ez*. (leur radical ne change pas)	**0**
	Exemples : parler – étudier – inviter – réaliser – voler... (En caractères ordinaires)	Exemples : *appeler -* *répéter -* *jeter -* *employer -* *peser* ... (En caractères script)	Exemples : convoquer – poster – filmer – commenter – stupéfier... (Sont également absents les verbes composés issus des verbes sélectionnés : réessayer, reparler...)	Exemples : (galéger, épinceter...)
Verbes en ...r(e)	D environ 450			**0**
	Exemples : **savoir – mettre – écrire - finir - – sortir – croître – élire – plaindre...** (En caractères gras)			Exemples : (glatir – occire – forclore – cotir...)

Transcription des exercices oraux

Présent des 6 premiers verbes

1. Répétez les expressions que vous allez entendre en les faisant précéder de : "il a" ou "il va".

Exemple :
Vous entendez : "un billet"
vous répétez : "il a un billet"

Vous entendez : "au théâtre"
vous répétez : "il va au théâtre"

1. .... à Paris
2. .... une amie
3. .... avec elle
4. .... de l'argent
5. .... à l'hôtel
6. .... de la chance

2. Même exercice, en les faisant précéder de : « tu as » ou « tu vas ».

1. .... à Paris
2. .... une amie
3. .... avec elle
4. .... de l'argent
5. .... à l'hôtel
6. .... de la chance

3. Répétez les expressions que vous allez entendre en les faisant précéder de : "il est", "il sait" ou "il fait".

1. .... élégant
2. .... danser
3. .... sensation
4. .... gentil
5. .... dans la cuisine
6. .... le café.
7. .... intelligent.
8. .... parler anglais

4. Même exercice, en les faisant précéder de : « tu es », « tu sais » ou « tu fais ».

1. .... élégant
2. .... danser
3. .... sensation
4. .... gentil
5. .... dans la cuisine
6. .... le café.
7. .... intelligent.
8. .... parler anglais

5. Répétez la forme verbale que vous allez entendre et ajoutez la forme "il".

Exemple :
vous entendez "vous êtes"
vous répétez "vous êtes - il est"

1. vous êtes
2. vous faites
3. vous êtes
4. vous dites
5. vous faites
6. vous dites

6. Répétez la forme verbale que vous allez entendre et ajoutez la forme "vous".

Exemple :
vous entendez "il dit"
vous répétez "il dit - vous dites"

1. il dit
2. il fait
3. il dit
4. il est
5. il fait
6. il dit

Transcription des exercices oraux

Présent des 6 premiers verbes

7. Répétez les expressions que vous allez entendre en les faisant précéder de : "vous êtes", "vous faites" ou "vous dites".

1. .... un cadeau.
2. .... gentil
3. .... merci
4. .... poli
5. .... un discours
6. .... la vérité
7. .... sincère
8. .... des efforts
9. .... courageux

8. Même exercice en les faisant précéder de : « tu es », « tu fais » ou « du dis ».

1. .... un cadeau.
2. .... gentil
3. .... merci
4. .... poli
5. .... un discours
6. .... la vérité
7. .... sincère
8. .... des efforts
9. .... courageux

9. Répétez la forme verbale que vous allez entendre et ajoutez la forme « nous ».

1. vous avez
2. vous allez
3. vous avez
4. vous savez
5. vous allez
6. vous savez
7. vous avez

10. Répétez les expressions que vous allez entendre en les complétant par "vous avez", "vous savez" ou "vous allez".

1. .... une voiture
2. .... à Paris
3. .... conduire *(2 possibilités)*
4. .... une réservation
5. .... à l'hôtel
6. .... une idée
7. .... comment faire
8. .... des billets
9. .... au musée

11. Même exercice, en les faisant précéder de : "nous sommes" ou "nous faisons".

1. .... américains.
2. .... du tourisme.
3. .... devant le théâtre.
4. .... une pause
5. .... dans le bus
6. .... en voyage
7. .... à Lisbonne.
8. .... un city-tour

12. Répondez en remplaçant "je" par "ils" (Pierre et Marie).

Exemple :
- Je suis professeur. Et eux ?
- Eux aussi, ils sont professeurs.

1. Je suis japonais. Et eux ?
2. Je vais à Paris. Et eux ?
3. Je fais du tourisme. Et eux ?
4. J'ai un ticket. Et eux ?
5. Je vais au théâtre. Et eux ?
6. Je suis étudiant. Et eux ?
7. Je fais des recherches. Et eux ?
8. J'ai un bon professeur. Et eux ?

Transcription des exercices oraux

Les 6 premiers verbes

13. Même exercice. Mais répondez en remplaçant "ils" par "je".

Exemple :
- Ils sont professeurs. Et vous ?
- Moi aussi, je suis professeur.

1. Ils sont japonais. Et vous ?
2. Ils vont à Paris. Et vous ?
3. Ils font du tourisme. Et vous ?
4. Ils ont un ticket. Et vous ?
5. Ils vont au théâtre. Et vous ?
6. Ils sont étudiants. Et vous ?
7. Ils font des recherches. Et vous ?
7. Ils ont un bon professeur. Et vous ?

14. Ecoutez les questions et répondez "Oui, je...".

1. Vous allez au concert ?
2. Vous êtes professeur ?
3. Vous allez à la faculté ?
4. Vous faites du vélo ?
5. Vous savez conduire ?
6. Vous avez une voiture ?
7. Vous êtes poli ?
8. Vous dites toujours merci ?
9. Vous avez un appartement ?
10. Vous faites des courses ?
11. Vous savez comment faire ?
12. Vous dites au revoir ?

Transcription des exercices oraux

Infinitif

39. Ecoutez et répétez en ajoutant le son [e]. (Attention à l'accent tonique sur la dernière syllabe).

Exemple :
Vous entendez : regarde
Vous répétez : regarde - regarder

1. parle
2. demande
3. écoute
4. donne
5. pense
6. trouve
7. habite
8. arrive

40. Même exercice.

1. explique
2. présente
3. cherche
4. raconte
5. travaille
6. oublie
7. passe
8. commence

41. Ecoutez et répétez en ajoutant le son [R].

Exemple :
Vous entendez : fait
Vous répétez : fait - faire

1. dit
2. voit
3. lit
4. croit
5. parti
6. entende
7. perde

42. Même exercice.

1. attende
2. mette
3. boit
4. descende
5. finit
6. réponde
7. écrit

43. Répondez comme dans l'exemple, en terminant par le son [R].

Exemple :
Vous entendez : Tu comprends
Vous répondez : Tu dois comprendre.

1. Tu réponds ?
2. Tu apprends ?
3. Vous attendez ?
4. Vous partez ?
5. Tu écris ?
6. Tu conduis ?
7. Tu bois ?
8. Tu réussis ?

44. Même exercice. (son [e])

1. Tu travailles ?
2. Tu regardes ?
3. Il chante ?
4. Il parle ?
5. Elle joue ?
6. Elle cherche ?
7. Tu manges ?
8. Tu demandes ?

Transcription des exercices oraux

Présent – Formes je, tu, il

47. Écoutez et répétez aux formes je, tu et il.
(Remarquez les regroupements de verbes)

Exemple :
Vous entendez : peux
Vous répétez :   je peux - tu peux - il peut

peux
veux
sais
fais
connais
viens
tiens
reviens
prends
descends
comprends
crois
dois
vois
finis
lis
dis

48. Écoutez et répétez en soignant les liaisons.

Exemple : Vous entendez : écris
               Vous répétez : j'écris - tu écris - il écrit

écris	explique
habite	entre
écoute	apprends
appelle	arrête
ouvre	attends
aime	oublie

49. Même exercice. (avec ou sans liaisons)

peux	comprends
habite	aime
veux	finis
appelle	dois
viens	attends
crois	mets
écris	parle
écoute	demande
connais	

50. Retrouvez la forme je.
(Les regroupements de verbes vont vous aider)
Exemple :
            Vous entendez : pouvoir
            Vous répétez : je peux

pouvoir	lire
vouloir	finir
croire	écrire
devoir	prendre
voir	apprendre
boire	descendre
mettre	comprendre
connaître	venir
paraître	tenir
faire	devenir
	revenir

51. Retrouvez les formes je.
(verbes 1 à 30).
Exemple :   Vous entendez : savoir
               Vous répondez : je sais

faire	vouloir
aller	attendre
dire	entendre
savoir	prendre
pouvoir	comprendre
venir	parler
croire	voir
mettre	écrire
devoir	apprendre
connaître	

Transcription des exercices oraux

Présent – Formes nous, vous, ils

63. Ecoutez et mettez à la forme nous.

Exemple :
Vous entendez : vous venez
Vous répondez : nous venons

Vous pouvez
Vous croyez
Vous devez
Vous voulez
Vous regardez
Vous buvez
Vous savez

64. Ecoutez et mettez à la forme ils, (en parlant de Pierre et Jean).

Exemple :
Vous entendez : vous finissez
Vous répondez : ils finissent
(il suffit de ne pas répétez le son « ez »

Vous partez
Vous lisez
Vous dormez
Vous parlez
Vous jouez
Vous répondez
Vous connaissez

65. Même exercice. Ecoutez et mettez à la forme ils, (en parlant de Pierre et Jean).

Exemple :
Vous entendez : vous aimez
Vous répondez : ils aiment
(attention à la liaison : ils (z) »

Vous attendez
Vous écoutez
Vous étudiez
Vous oubliez
Vous écrivez
Vous offrez
Vous habitez

66. Ecoutez et mettez à la forme ils, (en parlant de Pierre et Jean) en ajoutant le son « d »

Exemple :
Vous entendez : je descends
Vous répétez : ils descendent

Je réponds
Je perds
Je vends
Je descends
J'attends
Je défends
Je confonds

67. Ecoutez et mettez à la forme ils, (en parlant de Pierre et Jean) en ajoutant le son « z »

Exemple :
Vous entendez : je conduis
Vous répétez : ils conduisent

Je plais
Je lis
Je cuis
Je conduis
Je produis
Je construis
J'interdis

68. Ecoutez et mettez à la forme ils, (en parlant de Pierre et Jean) en ajoutant le son « ss »

Exemple :
Vous entendez : je connais
Vous répétez : ils connaissent

Je choisis
Je parais
Je grossis
Je connais
J'obéis
Je réussis
J'agis

Transcription des exercices oraux

Présent – Formes nous, vous, ils

69. Ecoutez et mettez à la forme elles, (en parlant de Julie et Marie) en ajoutant le son « n »

Exemple :
Vous entendez : je viens
Vous répétez : elles viennent
(Attention ! avant le son « n », la voyelle s'ouvre, devient plus claire.)

Je prends
Je tiens
J'apprends
Je reviens
Je comprends
Je deviens
J'obtiens

70. Ecoutez et mettez à la forme ils, (en parlant de Pierre et Jean) en ajoutant le son « t »
Exemple :
Vous entendez : je pars
Vous répétez : ils partent

Je mets
Je sors
Je sens
Je bats
Je mens
Je promets
Je revêts

71. Dites si vous entendez une consonne à la fin des formes suivantes.
Exemple :
Il voit -> non
Ils lisent -> oui
Ils viennent -> oui
Il entend -> non

A vous.
Il écrit
Ils perdent
Ils boivent

Il doit
Il veut
Ils savent
Il disent

72. Comparez la forme je à la forme il(s) et dites si celle-ci se réfère à une personne ou à plusieurs personnes.
(dans ce cas on entend une consonne finale)

Exemple :
Je viens – il vient - une personne
Je pars – ils partent - plusieurs personnes

1. je connais – ils connaissent
2. je dois – il doit
3. j'attends – il attend
4. je prends – il prennent
5. je réponds – ils répondent
6. je comprends – il comprend
7. je sais – ils savent
8. je finis – ils finissent

73. Même exercice. Comparez la forme je à la forme elle/(s) et dites si celle-ci se réfère à personne ou à plusieurs personnes.

Exemple :
Je viens – elle vient -> une personne
Je pars – elles partent -> plusieurs personnes

1. je peux – elle peut
2. je viens – elles viennent
3. je mets – elle met
4. je veux – elles veulent
5. je bois – elles boivent
6. je reçois – elle reçoit
7. je dis – elles disent
8. je dors – elles dorment

Transcription des exercices oraux

Présent – Formes nous, vous, ils

74. (Exercice facultatif). Comparez la forme je à la forme il(s) et dites si celle-ci se réfère à une personne, à plusieurs personnes ou si on ne peut pas savoir.
(si on entend la même <u>consonne</u> à la fin des deux formes, on ne peut pas savoir)

Exemple :
Je viens – il vient   - une personne
Je pars – ils partent   - plusieurs personnes
Je parle – il(s) parle(nt) - on ne peut pas savoir

1. je connais – ils connaissent
2. je donne – il(s) donne(nt)
3. je présente – il(s) présente(nt)
4. je bois – il boit
5. je cours – il(s) court/courent
6. je regarde – il(s) regarde(nt)
7. je sors – il sortent
8. je remarque – il(s) remarque(nt)

2. je choisis – vous choisissez - il choisit
3. je reçois – vous recevez – il reçoit
4. je vois – vous voyez – il(s) voit/(voient
5. je paie – vous payez – il(s) paie(nt)
6. je ris – vous riez – il(s) rit/rient
7. je lis – vous lisez - il lit
8. je dois – vous devez – il doit

75. (Exercice facultatif). Comparez les formes je et vous à la forme il(s) et dites si celle-ci se réfère à une seule personne ou si on ne peut pas savoir.
(si on n' entend pas de <u>consonne</u> avant le son « ez », on ne peut pas savoir)

Exemple :
Je pars - vous partez – il part   -> une personne
Je salue - vous saluez – il(s) salue(nt) -> on ne peut pas savoir
je crois – vous croyez – il(s) croit/croient -> on ne peut pas savoir

1. je joue – vous jouez – il(s) joue(nt)

Dépôt légal : octobre 2010 – Paris

Mail : contact@scholaris.info

www.ingramcontent.com/pod-product-compliance
Lightning Source LLC
Chambersburg PA
CBHW060157050426
42446CB00013B/2866